Printed in Great Britain
by Amazon

38357073R00045

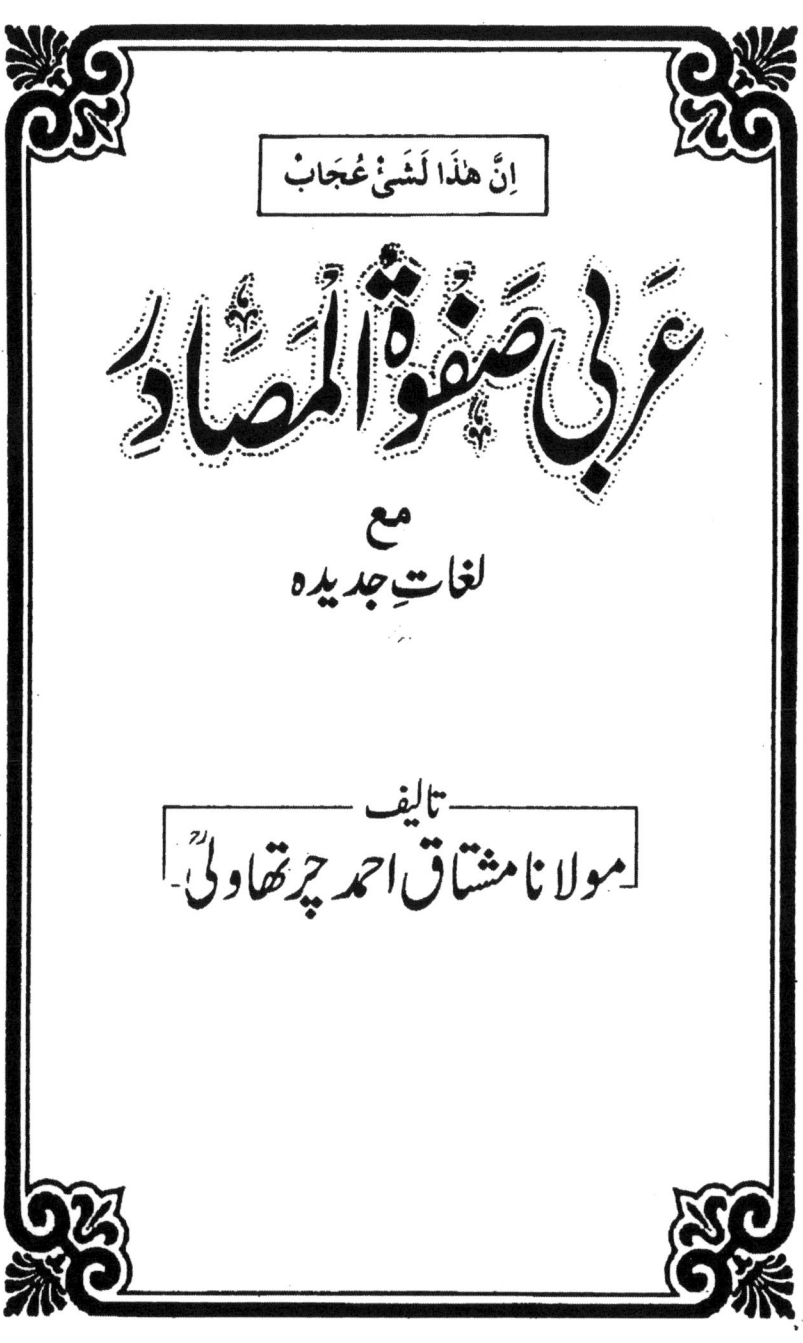

إِنَّ هٰذَا لَشَيْءٌ عُجَابٌ

عَرَبی صِفوۃ المُصَادِر

مع

لغاتِ جدیدہ

تالیف

مولانا مشتاق احمد چرتھاولیؒ

بِسْمِ اللّٰہِ الرَّحْمٰنِ الرَّحِیْمِ

عربی صفوۃ المصادر
مع
لغات جدیدہ

باب نَصَرَ یَنْصُرُ (صحیح)

مصدر	معنی مصدر	ماضی	مضارع	اسم فاعل	امر	نہی
اَلنَّصْرُ	مدد کرنا	نَصَرَ اس نے مدد کی۔	یَنْصُرُ وہ مدد کرتا ہے یا مدد کرے گا	نَاصِرٌ مدد کرنے والا	اُنْصُرْ تو مدد کر	لَاتَنْصُرْ تو مدد نہ کر
اَلْخُرُوْجُ	نکلنا	خَرَجَ وہ نکلا	یَخْرُجُ وہ نکلتا ہے یا نکلے گا	خَارِجٌ نکلنے والا	اُخْرُجْ تو نکل	لَاتَخْرُجْ تو مت نکل
اَلدُّخُوْلُ	داخل ہونا	دَخَلَ وہ داخل ہوا	یَدْخُلُ وہ داخل ہوتا ہے یا داخل ہوگا	دَاخِلٌ داخل ہونے والا	اُدْخُلْ تو داخل ہو	لَاتَدْخُلْ تو داخل نہ ہو
اَلْقُعُوْدُ	بیٹھنا	قَعَدَ وہ بیٹھا	یَقْعُدُ وہ بیٹھتا ہے یا بیٹھے گا	قَاعِدٌ بیٹھنے والا	اُقْعُدْ تو بیٹھ	لَاتَقْعُدْ تو مت بیٹھ
اَلطَّلَبُ	ڈھونڈنا طلب کرنا	طَلَبَ اس نے طلب کیا	یَطْلُبُ وہ طلب کرتا ہے یا طلب کریگا	طَالِبٌ طلب کرنے والا	اُطْلُبْ تو طلب کر	لَاتَطْلُبْ تو مت طلب کر

نہی	امر	اسم فاعل	مضارع	ماضی	معنی مصدر	مصدر
لَاتَهْرُبْ	اُهْرُبْ	هَارِبٌ	يَهْرُبُ	هَرَبَ	بھاگنا	اَلْهَرَبُ
لَاتَحْرُثْ	اُحْرُثْ	حَارِثٌ	يَحْرُثُ	حَرَثَ	کھیتی کرنا	اَلْحَرْثُ
لَاتَسْتُرْ	اُسْتُرْ	سَاتِرٌ	يَسْتُرُ	سَتَرَ	چھپانا	اَلسَّتْرُ
لَاتَمْطُرْ	اُمْطُرْ	مَاطِرٌ	يَمْطُرُ	مَطَرَ	مینہ برسنا	اَلْمَطَرُ
لَاتَسْكُتْ	اُسْكُتْ	سَاكِتٌ	يَسْكُتُ	سَكَتَ	چپ رہنا	اَلسُّكُوتُ
لَاتَخْلُدْ	اُخْلُدْ	خَالِدٌ	يَخْلُدُ	خَلَدَ	ہمیشہ رہنا	اَلْخُلُودُ
لَاتَلْمَسْ	اُلْمَسْ	لَامِسٌ	يَلْمَسُ	لَمَسَ	چھونا	اَللَّمْسُ
لَاتَسْقُطْ	اُسْقُطْ	سَاقِطٌ	يَسْقُطُ	سَقَطَ	گرپڑنا	اَلسُّقُوطُ
لَاتَبْلَغْ	اُبْلَغْ	بَالِغٌ	يَبْلَغُ	بَلَغَ	پہنچنا	اَلْبُلُوغُ
لَاتَخْلِطْ	اُخْلِطْ	خَالِطٌ	يَخْلِطُ	خَلَطَ	ملانا	اَلْخَلْطُ
لَاتَنْسُجْ	اُنْسُجْ	نَاسِجٌ	يَنْسُجُ	نَسَجَ	بُننا	اَلنَّسْجُ
لَاتَرْقُدْ	اُرْقُدْ	رَاقِدٌ	يَرْقُدُ	رَقَدَ	سونا	اَلرُّقُودُ
لَاتَقْتُلْ	اُقْتُلْ	قَاتِلٌ	يَقْتُلُ	قَتَلَ	بُتنا	اَلْقَتْلُ
لَاتَنْفُخْ	اُنْفُخْ	نَافِخٌ	يَنْفُخُ	نَفَخَ	پھونکنا	اَلنَّفْخُ
لَاتَتْرُكْ	اُتْرُكْ	تَارِكٌ	يَتْرُكُ	تَرَكَ	چھوڑنا	اَلتَّرْكُ
لَاتَغْرُزْ	اُغْرُزْ	غَارِزٌ	يَغْرُزُ	غَرَزَ	چبھونا	اَلْغَرْزُ
لَاتَنْقُضْ	اُنْقُضْ	نَاقِضٌ	يَنْقُضُ	نَقَضَ	توڑنا	اَلنَّقْضُ
لَاتَمْكُثْ	اُمْكُثْ	مَاكِثٌ	يَمْكُثُ	مَكَثَ	ٹھہرنا، دیر کرنا	اَلْمَكْثُ
لَاتَدْلُكْ	اُدْلُكْ	دَالِكٌ	يَدْلُكُ	دَلَكَ	ملنا	اَلدَّلْكُ
لَاتَنْشُرْ	اُنْشُرْ	نَاشِرٌ	يَنْشُرُ	نَشَرَ	پھیلانا	اَلنَّشْرُ

مصدر	معنی مصدر	ماضی	مضارع	اسم فاعل	امر	نہی
اَلرَّکْضُ	ٹھوکر لگانا، ایڑ لگانا	رَکَضَ	یَرْکُضُ	رَاکِضٌ	اُرْکُضْ	لَاتَرْکُضْ
اَلنَّقْصُ	کم کرنا	نَقَصَ	یَنْقُصُ	نَاقِصٌ	اُنْقُصْ	لَاتَنْقُصْ

بابِ نَصَرَ یَنْصُرُ (مضاعف)

مصدر	معنی مصدر	ماضی	مضارع	اسم فاعل	امر	نہی
اَلرَّدُّ	لوٹانا	رَدَّ	یَرُدُّ	رَادٌّ	رُدَّ	لَاتَرُدَّ
اَلسَّدُّ	بند کرنا	سَدَّ	یَسُدُّ	سَادٌّ	سُدَّ	لَاتَسُدَّ
اَلْمَدُّ	کھینچنا	مَدَّ	یَمُدُّ	مَادٌّ	مُدَّ	لَاتَمُدَّ
اَلشَّدُّ	باندھنا	شَدَّ	یَشُدُّ	شَادٌّ	شُدَّ	لَاتَشُدَّ
اَلْجَرُّ	کھینچنا، گھسیٹنا	جَرَّ	یَجُرُّ	جَارٌّ	جُرَّ	لَاتَجُرَّ
اَلْمُرُوْرُ	گزرنا	مَرَّ	یَمُرُّ	مَارٌّ	مُرَّ	لَاتَمُرَّ
اَلصَّبُّ	ڈالنا	صَبَّ	یَصُبُّ	صَابٌّ	صُبَّ	لَاتَصُبَّ
اَلشَّمُّ	سونگھنا	شَمَّ	یَشُمُّ	شَامٌّ	شُمَّ	لَاتَشُمَّ
اَلْکَفُّ	روکنا	کَفَّ	یَکُفُّ	کَافٌّ	کُفَّ	لَاتَکُفَّ
اَلْعَدُّ	شمار کرنا	عَدَّ	یَعُدُّ	عَادٌّ	عُدَّ	لَاتَعُدَّ
اَللَّفُّ	لپیٹنا	لَفَّ	یَلُفُّ	لَافٌّ	لُفَّ	لَاتَلُفَّ
اَلْحَکُّ	کھجلانا	حَکَّ	یَحُکُّ	حَاکٌّ	حُکَّ	لَاتَحُکَّ
اَلرَّشُّ	چھڑکنا	رَشَّ	یَرُشُّ	رَاشٌّ	رُشَّ	لَاتَرُشَّ
اَلسَّبُّ	گالی دینا	سَبَّ	یَسُبُّ	سَابٌّ	سُبَّ	لَاتَسُبَّ
اَلدَّقُّ	کوٹنا	دَقَّ	یَدُقُّ	دَاقٌّ	دُقَّ	لَاتَدُقَّ
اَلصَّدُّ	روکنا	صَدَّ	یَصُدُّ	صَادٌّ	صُدَّ	لَاتَصُدَّ

نہی	امر	اسم فاعل	مضارع	ماضی	معنی مصدر	مصدر
			**باب نصر ینصر (اجوف)**			
لَاتَعُدْ	عُدْ	عَائِدٌ	یَعُوْدُ	عَادَ	لوٹنا	اَلْعَوْدُ
لَاتَطُفْ	طُفْ	طَائِفٌ	یَطُوْفُ	طَافَ	گردپھرنا	اَلطَّوَافُ
لَاتَذُقْ	ذُقْ	ذَائِقٌ	یَذُوْقُ	ذَاقَ	چکھنا	اَلذَّوْقُ
لَاتَقُلْ	قُلْ	قَائِلٌ	یَقُوْلُ	قَالَ	کہنا	اَلْقَوْلُ
لَاتَبُلْ	بُلْ	بَائِلٌ	یَبُوْلُ	بَالَ	پیشاب کرنا	اَلْبَوْلُ
لَاتَدُمْ	دُمْ	دَائِمٌ	یَدُوْمُ	دَامَ	ہمیشہ رہنا	اَلدَّوَامُ
لَاتَصُمْ	صُمْ	صَائِمٌ	یَصُوْمُ	صَامَ	روزہ رکھنا	اَلصَّوْمُ
لَاتَقُمْ	قُمْ	قَائِمٌ	یَقُوْمُ	قَامَ	کھڑاہونا	اَلْقِیَامُ
لَاتَفُزْ	فُزْ	فَائِزٌ	یَفُوْزُ	فَازَ	کامیاب ہونا	اَلْفَوْزُ
لَاتَعُذْ	عُذْ	عَائِذٌ	یَعُوْذُ	عَاذَ	پناہ مانگنا	اَلْعَوْذُ
لَاتَكُنْ	كُنْ	كَائِنٌ	یَكُوْنُ	كَانَ	ہونا	اَلْكَوْنُ
لَاتَذُبْ	ذُبْ	ذَائِبٌ	یَذُوْبُ	ذَابَ	پگھلنا	اَلذَّوْبُ
لَاتَسُقْ	سُقْ	سَائِقٌ	یَسُوْقُ	سَاقَ	ہانکنا	اَلسَّوْقُ
لَاتَتُبْ	تُبْ	تَائِبٌ	یَتُوْبُ	تَابَ	رجوع کرنا	اَلتَّوْبَةُ
			**باب نصر ینصر (ناقص)**			
لَاتَدْعُ	اُدْعُ	دَاعٍ	یَدْعُوْ	دَعَا	بلانا	اَلدُّعَاءُ والدَّعْوَۃُ
لَاتَرْجُ	اُرْجُ	رَاجٍ	یَرْجُوْ	رَجَا	امیدرکھنا	اَلرَّجَاءُ
لَاتَنْجُ	اُنْجُ	نَاجٍ	یَنْجُوْ	نَجَا	رہا ہونا	اَلنَّجَاۃُ
لَاتَبْدُ	اُبْدُ	بَادٍ	یَبْدُوْ	بَدَا	ظاہر ہونا	اَلْبُدُوُّ

مصدر	معنی مصدر	ماضی	مضارع	اسم فاعل	امر	نہی
اَلْعَدْوُ	دوڑنا	عَدَا	یَعْدُوْ	عَادٍ	اُعْدُ	لَاتَعْدُ
اَلْعَفْوُ	معاف کرنا	عَفَا	یَعْفُوْ	عَافٍ	اُعْفُ	لَاتَعْفُ
اَلتِّلَاوَۃُ	پڑھنا	تَلَا	یَتْلُوْ	تَالٍ	اُتْلُ	لَاتَتْلُ
اَلْخُلُوُّ	خالی ہونا	خَلَا	یَخْلُوْ	خَالٍ	اُخْلُ	لَاتَخْلُ
باب نَصَرَ یَنْصُرُ (مہموز)						
اَلْاَخْذُ	لینا۔ پکڑنا	اَخَذَ	یَاْخُذُ	اٰخِذٌ	خُذْ	لَاتَاْخُذْ
اَلْاَمْرُ	حکم کرنا	اَمَرَ	یَاْمُرُ	اٰمِرٌ	مُرْ	لَاتَاْمُرْ
اَلْاَکْلُ	کھانا	اَکَلَ	یَاْکُلُ	اٰکِلٌ	کُلْ	لَاتَاْکُلْ
باب ضَرَبَ یَضْرِبُ (صحیح)						
اَلضَّرْبُ	مارنا	ضَرَبَ	یَضْرِبُ	ضَارِبٌ	اِضْرِبْ	لَاتَضْرِبْ
اَلْغَلْبُ	غلبہ کرنا	غَلَبَ	یَغْلِبُ	غَالِبٌ	اِغْلِبْ	لَاتَغْلِبْ
اَلْکِذْبُ	جھوٹ بولنا	کَذَبَ	یَکْذِبُ	کَاذِبٌ	اِکْذِبْ	لَاتَکْذِبْ
اَلْکَسْبُ	کمانا	کَسَبَ	یَکْسِبُ	کَاسِبٌ	اِکْسِبْ	لَاتَکْسِبْ
اَلْقَصْدُ	ارادہ کرنا	قَصَدَ	یَقْصِدُ	قَاصِدٌ	اِقْصِدْ	لَاتَقْصِدْ
اَلْمَغْفِرَۃُ	بخشنا	غَفَرَ	یَغْفِرُ	غَافِرٌ	اِغْفِرْ	لَاتَغْفِرْ
اَلْکَسْرُ	توڑنا	کَسَرَ	یَکْسِرُ	کَاسِرٌ	اِکْسِرْ	لَاتَکْسِرْ
اَلْجُلُوْسُ	بیٹھنا	جَلَسَ	یَجْلِسُ	جَالِسٌ	اِجْلِسْ	لَاتَجْلِسْ
اَلصَّبْرُ	رکنا، صبر کرنا	صَبَرَ	یَصْبِرُ	صَابِرٌ	اِصْبِرْ	لَاتَصْبِرْ
اَلْحَبْسُ	روکنا	حَبَسَ	یَحْبِسُ	حَابِسٌ	اِحْبِسْ	لَاتَحْبِسْ
اَلرُّجُوْعُ	لوٹنا	رَجَعَ	یَرْجِعُ	رَاجِعٌ	اِرْجِعْ	لَاتَرْجِعْ

مصدر	معنی مصدر	ماضی	مضارع	اسم فاعل	امر	نہی
اَلصَّرْفُ	پھیرنا، پرکھنا	صَرَفَ	يَصْرِفُ	صَارِفٌ	اِصْرِفْ	لَاتَصْرِفْ
اَلْمَعْرِفَةُ	پہچاننا	عَرَفَ	يَعْرِفُ	عَارِفٌ	اِعْرِفْ	لَاتَعْرِفْ
اَلْكَشْفُ	کھولنا	كَشَفَ	يَكْشِفُ	كَاشِفٌ	اِكْشِفْ	لَاتَكْشِفْ
اَلْعَصْرُ	نچوڑنا	عَصَرَ	يَعْصِرُ	عَاصِرٌ	اِعْصِرْ	لَاتَعْصِرْ
اَلْغَزْلُ	کاتنا	غَزَلَ	يَغْزِلُ	غَازِلٌ	اِغْزِلْ	لَاتَغْزِلْ
اَلْحَلْقُ	مونڈنا	حَلَقَ	يَحْلِقُ	حَالِقٌ	اِحْلِقْ	لَاتَحْلِقْ
اَلْخَرْقُ	پھاڑنا	خَرَقَ	يَخْرِقُ	خَارِقٌ	اِخْرِقْ	لَاتَخْرِقْ
اَلسَّرِقَةُ	چرانا	سَرَقَ	يَسْرِقُ	سَارِقٌ	اِسْرِقْ	لَاتَسْرِقْ
اَلْهَلَاكُ	تباہ ہونا، مرجانا	هَلَكَ	يَهْلِكُ	هَالِكٌ	اِهْلِكْ	لَاتَهْلِكْ
اَلْحَمْلُ	اٹھانا	حَمَلَ	يَحْمِلُ	حَامِلٌ	اِحْمِلْ	لَاتَحْمِلْ
اَلْعَدْلُ	انصاف کرنا	عَدَلَ	يَعْدِلُ	عَادِلٌ	اِعْدِلْ	لَاتَعْدِلْ
اَلنُّزُوْلُ	اترنا	نَزَلَ	يَنْزِلُ	نَازِلٌ	اِنْزِلْ	لَاتَنْزِلْ
اَلْغَسْلُ	دھونا	غَسَلَ	يَغْسِلُ	غَاسِلٌ	اِغْسِلْ	لَاتَغْسِلْ
باب ضَرَبَ يَضْرِبُ (مضاعف)						
اَلْحُبُّ	دوست رکھنا	حَبَّ	يَحِبُّ	حَابٌّ	حِبَّ	لَاتَحِبَّ
اَلْفِرَارُ	بھاگنا	فَرَّ	يَفِرُّ	فَارٌّ	فِرَّ	لَاتَفِرَّ
اَلْجَفَافُ	خشک ہونا	جَفَّ	يَجِفُّ	جَافٌّ	جِفَّ	لَاتَجِفَّ
اَلضَّلَالُ	گمراہ ہونا	ضَلَّ	يَضِلُّ	ضَالٌّ	ضِلَّ	لَاتَضِلَّ
اَلْقِلَّةُ	کم ہونا	قَلَّ	يَقِلُّ	قَالٌّ	قِلَّ	لَاتَقِلَّ
اَلتَّمَامُ	پورا ہونا	تَمَّ	يَتِمُّ	تَامٌّ	تِمَّ	لَاتَتِمَّ

نہی	امر	اسم فاعل	مضارع	ماضی	معنی مصدر	مصدر
لَاتَضِجَّ	ضِجَّ	ضَاجٌّ	یَضِجُّ	ضَجَّ	شور کرنا	اَلضَّجُّ
لَاتَزِلَّ	زِلَّ	زَالٌّ	یَزِلُّ	زَلَّ	پھسلنا	اَلزَّلَّۃُ

باب ضَرَبَ یَضْرِبُ (مثال)

نہی	امر	اسم فاعل	مضارع	ماضی	معنی مصدر	مصدر
لَاتَزِن	زِن	وَازِنٌ	یَزِن	وَزَن	تولنا	اَلوَزنُ
لَاتَجِدْ	جِدْ	وَاجِدٌ	یَجِدُ	وَجَدَ	پانا	اَلوِجدانُ
لَاتَلِدْ	لِدْ	وَالِدٌ	یَلِدُ	وَلَدَ	جننا	اَلوِلادَۃُ
لَاتَعِدْ	عِدْ	وَاعِدٌ	یَعِدُ	وَعَدَ	وعدہ کرنا	اَلوَعدُ
لَاتَعِظْ	عِظْ	وَاعِظٌ	یَعِظُ	وَعَظَ	نصیحت کرنا	اَلوَعظُ
لَاتَصِلْ	صِلْ	وَاصِلٌ	یَصِلُ	وَصَلَ	ملنا	اَلوَصلُ

باب ضَرَبَ یَضْرِبُ (لفیف مفروق)

نہی	امر	اسم فاعل	مضارع	ماضی	معنی مصدر	مصدر
لَاتَفِ	فِ	وَافٍ	یَفِی	وَفَی	پورا کرنا	اَلوَفاءُ
لَاتَقِ	قِ	وَاقٍ	یَقِی	وَقَی	بچانا، نگاہ کرنا	اَلوِقایَۃُ

باب ضَرَبَ یَضْرِبُ (اجوف)

نہی	امر	اسم فاعل	مضارع	ماضی	معنی مصدر	مصدر
لَاتَزِدْ	زِدْ	زَائِدٌ	یَزِیدُ	زَادَ	زیادہ کرنا	اَلزِّیادَۃُ
لَاتَغِبْ	غِبْ	غَائِبٌ	یَغِیبُ	غَابَ	غائب ہونا	اَلغَیبُ
لَاتَطِرْ	طِرْ	طَائِرٌ	یَطِیرُ	طَارَ	اڑنا	اَلطَّیَرانُ
لَاتَعِشْ	عِشْ	عَائِشٌ	یَعِیشُ	عَاشَ	جینا	اَلعَیشُ
لَاتَخِطْ	خِطْ	خَائِطٌ	یَخِیطُ	خَاطَ	سینا	اَلخِیاطَۃُ
لَاتَبِعْ	بِعْ	بَائِعٌ	یَبِیعُ	بَاعَ	بیچنا	اَلبَیعُ

نہی	امر	اسم فاعل	مضارع	ماضی	معنی مصدر	مصدر

باب ضَرَبَ یَضْرِبُ (ناقص)

نہی	امر	اسم فاعل	مضارع	ماضی	معنی مصدر	مصدر
لَاتَغْلِ	اِغْلِ	غَالٍ	یَغْلِی	غَلیٰ	جوش مارنا	اَلْغَلْیُ
لَاتَسْبِ	اِسْبِ	سَابٍ	یَسْبِیْ	سَبیٰ	قید کرنا	اَلسَّبْیُ
لَاتَهْدِ	اِهْدِ	هَادٍ	یَهْدِیْ	هَدیٰ	راہ دکھانا	اَلْھِدَایَۃ
لَاتَجْزِ	اِجْزِ	جَازٍ	یَجْزِیْ	جَزیٰ	بدلہ دینا	اَلْجَزَاءُ
لَاتَمْشِ	اِمْشِ	مَاشٍ	یَمْشِیْ	مَشیٰ	چلنا	اَلْمَشْیُ
لَاتَمْضِ	اِمْضِ	مَاضٍ	یَمْضِیْ	مَضیٰ	گزرنا	اَلْمَضِیُّ
لَاتَبْكِ	اِبْكِ	بَاكٍ	یَبْكِیْ	بَكیٰ	رونا	اَلْبُكَاءُ
لَاتَدْرِ	اِدْرِ	دَارٍ	یَدْرِیْ	دَریٰ	جاننا	اَلدِّرَایَۃ
لَاتَأْتِ	اِیْتِ	آتٍ	یَأْتِیْ	اَتیٰ	آنا	اَلْاِتْیَانُ
لَاتَرْمِ	اِرْمِ	رَامٍ	یَرْمِیْ	رَمیٰ	پھینکنا	اَلرَّمْیُ
لَاتَكْفِ	اِكْفِ	كَافٍ	یَكْفِیْ	كَفیٰ	کافی ہونا	اَلْكِفَایَۃ
لَاتَطْوِ	اِطْوِ	طَاوٍ	یَطْوِیْ	طَویٰ	پیٹنا	اَلطَّیُّ

باب سَمِعَ یَسْمَعُ (صحیح)

نہی	امر	اسم فاعل	مضارع	ماضی	معنی مصدر	مصدر
لَاتَرْكَبْ	اِرْكَبْ	رَاكِبٌ	یَرْكَبُ	رَكِبَ	سوار ہونا	اَلرُّكُوْبُ
لَاتَشْرَبْ	اِشْرَبْ	شَارِبٌ	یَشْرَبُ	شَرِبَ	پینا	اَلشُّرْبُ
لَاتَلْبَثْ	اِلْبَثْ	لَابِثٌ	یَلْبَثُ	لَبِثَ	ٹھہرنا	اَللَّبْثُ
لَاتَحْمَدْ	اِحْمَدْ	حَامِدٌ	یَحْمَدُ	حَمِدَ	تعریف کرنا	اَلْحَمْدُ
لَاتَسْعَدْ	اِسْعَدْ	سَعِیْدٌ	یَسْعَدُ	سَعِدَ	نیک بخت ہونا	اَلسَّعَادَۃ
لَاتَلْعَقْ	اِلْعَقْ	لَاعِقٌ	یَلْعَقُ	لَعِقَ	چاٹنا	اَللَّعْقُ

مصدر	معنی مصدر	ماضی	مضارع	اسم فاعل	امر	نہی
اَلشَّهَادَةُ	گواہی دینا	شَهِدَ	يَشْهَدُ	شَاهِدٌ	اِشْهَدْ	لَا تَشْهَدْ
اَللُّبْسُ	پہننا	لَبِسَ	يَلْبَسُ	لَابِسٌ	اِلْبَسْ	لَا تَلْبَسْ
اَلْعَطَشُ	پیاسا ہونا	عَطِشَ	يَعْطَشُ	عَاطِشٌ	اِعْطَشْ	لَا تَعْطَشْ
اَلْحِفْظُ	نگاہ رکھنا	حَفِظَ	يَحْفَظُ	حَافِظٌ	اِحْفَظْ	لَا تَحْفَظْ
اَلضِّحْكُ	ہنسنا	ضَحِكَ	يَضْحَكُ	ضَاحِكٌ	اِضْحَكْ	لَا تَضْحَكْ
اَلْجَهْلُ	نہ جاننا	جَهِلَ	يَجْهَلُ	جَاهِلٌ	اِجْهَلْ	لَا تَجْهَلْ
اَلْعِلْمُ	جاننا	عَلِمَ	يَعْلَمُ	عَالِمٌ	اِعْلَمْ	لَا تَعْلَمْ
اَلْفَهْمُ	سمجھنا	فَهِمَ	يَفْهَمُ	فَاهِمٌ	اِفْهَمْ	لَا تَفْهَمْ
اَلْقُدُوْمُ	آنا	قَدِمَ	يَقْدَمُ	قَادِمٌ	اِقْدَمْ	لَا تَقْدَمْ
اَللُّحُوْقُ	ملنا لاحق ہونا	لَحِقَ	يَلْحَقُ	لَاحِقٌ	اِلْحَقْ	لَا تَلْحَقْ
اَلسَّمْعُ	سُننا	سَمِعَ	يَسْمَعُ	سَامِعٌ	اِسْمَعْ	لَا تَسْمَعْ

باب سَمِعَ يَسْمَعُ (مضاعف)

مصدر	معنی مصدر	ماضی	مضارع	اسم فاعل	امر	نہی
اَللَّذَّةُ	مزہ لینا	لَذَّ	يَلَذُّ	لَاذٌّ	لَذَّ	لَا تَلَذَّ
اَلْعَضُّ	کاٹنا	عَضَّ	يَعَضُّ	عَاضٌّ	عَضَّ	لَا تَعَضَّ
اَلْبَشَاشَةُ	کشادہ رو ہونا	بَشَّ	يَبَشُّ	بَاشٌّ	بَشَّ	لَا تَبَشَّ
اَلْوُدُّ	محبت کرنا دوست رکھنا	وَدَّ	يَوَدُّ	وَادٌّ	وَدَّ	لَا تَوَدَّ
اَلْمَصُّ	چوسنا	مَصَّ	يَمَصُّ	مَاصٌّ	مَصَّ	لَا تَمَصَّ

باب سَمِعَ يَسْمَعُ (مثال)

مصدر	معنی مصدر	ماضی	مضارع	اسم فاعل	امر	نہی
اَلْوَجَلُ	ڈرنا	وَجِلَ	يَوْجَلُ	وَاجِلٌ	اِيْجَلْ	لَا تَوْجَلْ
اَلْوَجَعُ	درد مند ہونا	وَجِعَ	يَوْجَعُ	وَاجِعٌ	اِيْجَعْ	لَا تَوْجَعْ

نہی	امر	اسم فاعل	مضارع	ماضی	معنی مصدر	مصدر
لَاتَخَفْ	خَفْ	خَائِفٌ	يَخَافُ	خَافَ	ڈرنا	اَلْخَوْفُ
لَاتَنَمْ	نَمْ	نَائِمٌ	يَنَامُ	نَامَ	سونا	اَلنَّوْمُ
لَاتَنْسَ	اِنْسَ	نَاسٍ	يَنْسَى	نَسِيَ	بھولنا	اَلنِّسْيَانُ
لَاتَخْشَ	اِخْشَ	خَاشٍ	يَخْشَى	خَشِيَ	ڈرنا	اَلْخَشْيَةُ
لَاتَرْضَ	اِرْضَ	رَاضٍ	يَرْضَى	رَضِيَ	راضی ہونا	اَلرِّضْوَانُ
لَاتَخْفَ	اِخْفَ	خَافٍ	يَخْفَى	خَفِيَ	پوشیدہ ہونا	اَلْخِفَاءُ
لَاتَعْيَ	اِعْيَ	عَابٍ	يَعْيَى	عَيِيَ	تھکنا، عاجز آنا	اَلْعَيُّ
لَاتَبْقَ	اِبْقَ	بَاقٍ	يَبْقَى	بَقِيَ	باقی رہنا	اَلْبَقَاءُ
لَاتَلْقَ	اِلْقَ	لَاقٍ	يَلْقَى	لَقِيَ	ملاقات کرنا	اَللِّقَاءُ

باب فتح یفتح (صحیح)

نہی	امر	اسم فاعل	مضارع	ماضی	معنی مصدر	مصدر
لَاتَفْتَحْ	اِفْتَحْ	فَاتِحٌ	يَفْتَحُ	فَتَحَ	کھولنا	اَلْفَتْحُ
لَاتَذْهَبْ	اِذْهَبْ	ذَاهِبٌ	يَذْهَبُ	ذَهَبَ	جانا	اَلذَّهَابُ
لَاتَجْرَحْ	اِجْرَحْ	جَارِحٌ	يَجْرَحُ	جَرَحَ	زخمی کرنا	اَلْجَرْحُ
لَاتَمْدَحْ	اِمْدَحْ	مَادِحٌ	يَمْدَحُ	مَدَحَ	تعریف کرنا	اَلْمَدْحُ
لَاتَجْحَدْ	اِجْحَدْ	جَاحِدٌ	يَجْحَدُ	جَحَدَ	الکارکرنا	اَلْجُحُوْدُ
لَاتَنْهَضْ	اِنْهَضْ	نَاهِضٌ	يَنْهَضُ	نَهَضَ	اٹھنا	اَلنُّهُوْضُ
لَاتَرْفَعْ	اِرْفَعْ	رَافِعٌ	يَرْفَعُ	رَفَعَ	اٹھانا	اَلرَّفْعُ
لَاتَدْفَعْ	اِدْفَعْ	دَافِعٌ	يَدْفَعُ	دَفَعَ	دور کرنا، دھکیلنا	اَلدَّفْعُ
لَاتَزْرَعْ	اِزْرَعْ	زَارِعٌ	يَزْرَعُ	زَرَعَ	کھیتی کرنا	اَلزَّرْعُ
لَاتَقْطَعْ	اِقْطَعْ	قَاطِعٌ	يَقْطَعُ	قَطَعَ	کاٹنا	اَلْقَطْعُ

مصدر	معنی مصدر	ماضی	مضارع	اسم فاعل	امر	نہی
اَلْمَنْعُ	روکنا	مَنَعَ	يَمْنَعُ	مَانِعٌ	اِمْنَعْ	لَاتَمْنَعْ
اَلْجَعْلُ	کرنا۔ بنانا	جَعَلَ	يَجْعَلُ	جَاعِلٌ	اِجْعَلْ	لَاتَجْعَلْ
اَلطَّبْخُ	پکانا	طَبَخَ	يَطْبَخُ	طَابِخٌ	اِطْبَخْ	لَاتَطْبَخْ
اَلْمَضْغُ	چبانا	مَضَغَ	يَمْضَغُ	مَاضِغٌ	اِمْضَغْ	لَاتَمْضَغْ
اَلطَّحْنُ	پیسنا	طَحَنَ	يَطْحَنُ	طَاحِنٌ	اِطْحَنْ	لَاتَطْحَنْ
اَلسَّحْقُ	گھسنا	سَحَقَ	يَسْحَقُ	سَاحِقٌ	اِسْحَقْ	لَاتَسْحَقْ
اَلصَّرْخَةُ	چیخنا، چلّانا	صَرَخَ	يَصْرَخُ	صَارِخٌ	اِصْرَخْ	لَاتَصْرَخْ
اَلسَّبَاحَةُ	تیرنا	سَبَحَ	يَسْبَحُ	سَابِحٌ	اِسْبَحْ	لَاتَسْبَحْ
اَلْخَلْعُ	نکالنا، خلعت دینا	خَلَعَ	يَخْلَعُ	خَالِعٌ	اِخْلَعْ	لَاتَخْلَعْ
اَلْقَلْعُ	اکھیڑنا	قَلَعَ	يَقْلَعُ	قَالِعٌ	اِقْلَعْ	لَاتَقْلَعْ

باب فَتَحَ يَفْتَحُ (معتل و مہموز)

اَلْهِبَةُ	دینا	وَهَبَ	يَهَبُ	وَاهِبٌ	هَبْ	لَاتَهَبْ
اَلْوَضْعُ	رکھنا	وَضَعَ	يَضَعُ	وَاضِعٌ	ضَعْ	لَاتَضَعْ
اَلْوُقُوْعُ	گرنا	وَقَعَ	يَقَعُ	وَاقِعٌ	قَعْ	لَاتَقَعْ
اَلرِّعَايَةُ	نگاہ رکھنا	رَعٰى	يَرْعٰى	رَاعٍ	اِرْعَ	لَاتَرْعَ
اَلسَّعْيُ	دوڑنا، کوشش کرنا	سَعٰى	يَسْعٰى	سَاعٍ	اِسْعَ	لَاتَسْعَ
اَلسُّؤَالُ	پوچھنا	سَأَلَ	يَسْأَلُ	سَائِلٌ	اِسْئَلْ	لَاتَسْأَلْ
اَلرُّؤْيَةُ	دیکھنا	رَأَى	يَرٰى	رَاءٍ	رَ	لَاتَرَ
اَلْمَشِيْئَةُ	چاہنا	شَاءَ	يَشَاءُ	شَاءٍ	شَأْ	لَاتَشَأْ
اَلْقِرَاءَةُ	پڑھنا	قَرَأَ	يَقْرَأُ	قَارِئٌ	اِقْرَأْ	لَاتَقْرَأْ

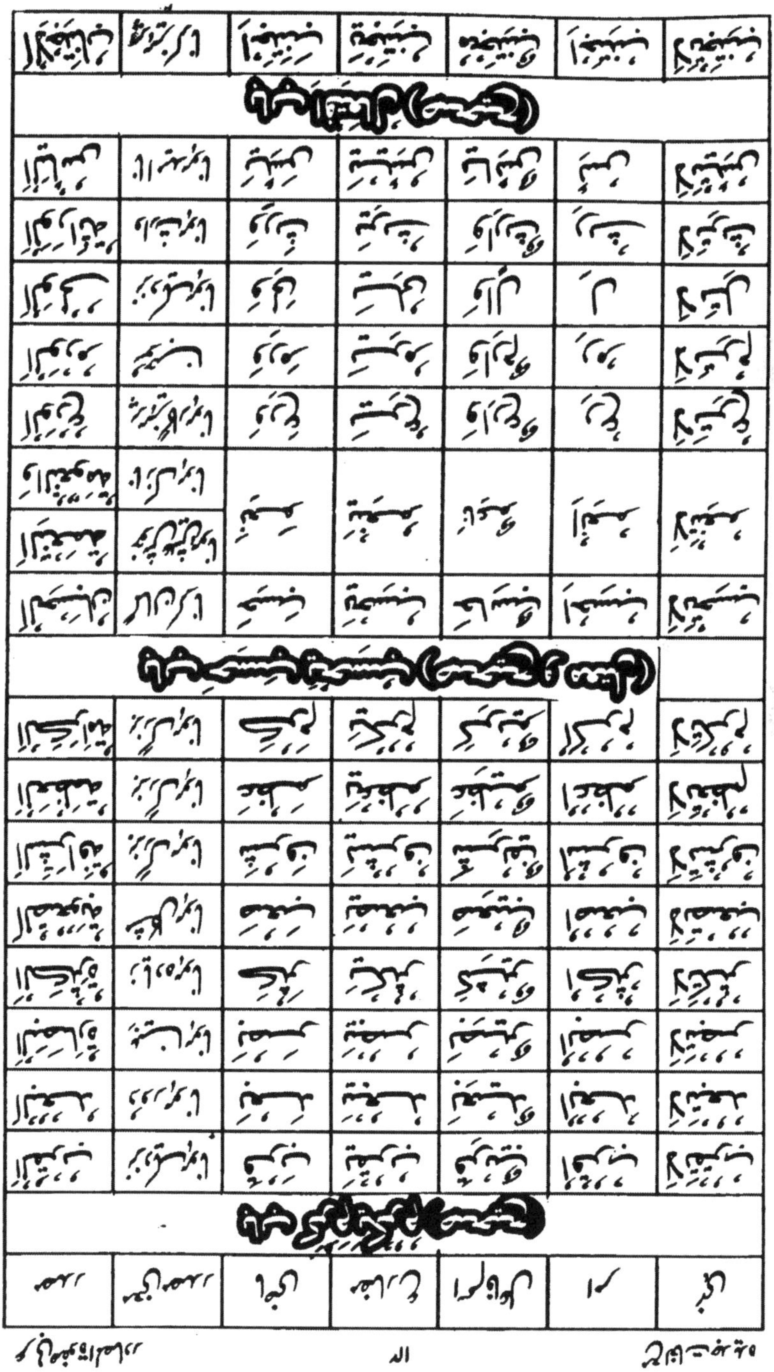

نہی	امر	اسم فاعل	مضارع	ماضی	معنی مصدر	مصدر
باب کرم یکرم صحیح						
لَاتَقْرُب	اُقْرُب	قَرِیبٌ	یَقْرُب	قَرُب	نزدیک ہونا	اَلْقُرْب
لَاتَبْعُد	اُبْعُد	بَعِیدٌ	یَبْعُد	بَعُد	دُور ہونا	اَلْبُعْد
لَاتَبْصُر	اُبْصُر	بَصِیرٌ	یَبْصُر	بَصُر	بینا ہونا	اَلْبَصَارَۃُ
لَاتَکْثُر	اُکْثُر	کَثِیرٌ	یَکْثُر	کَثُر	زیادہ ہونا	اَلْکَثْرَۃُ
لَاتَصْعُب	اُصْعُب	صَعِیبٌ	یَصْعُب	صَعُب	مشکل ہونا	اَلصُّعُوبَۃ
لَاتَشْرُف	اُشْرُف	شَرِیفٌ	یَشْرُف	شَرُف	بزرگ ہونا	اَلشَّرَافَۃ
لَاتَعْظُم	اُعْظُم	عَظِیمٌ	یَعْظُم	عَظُم	بزرگ ہونا	اَلْعَظَمَۃ
لَاتَکْرُم	اُکْرُم	کَرِیمٌ	یَکْرُم	کَرُم	بزرگ ہونا	اَلْکَرَامَۃ
باب حسب یحسب (صحیح و معتل)						
لَاتَحْسِب	اِحْسِب	حَاسِبٌ	یَحْسِب	حَسِب	گمان کرنا	اَلْحِسْبَان
لَاتَنْعِم	اِنْعِم	نَاعِمٌ	یَنْعِم	نَعِم	خوش عیش ہونا نازک ہونا	اَلنِّعْمَۃ وَالنُّعُومَۃ
لَاتَرِع	رِع	وَارِعٌ	یَرِع	وَرِع	پرہیزگار ہونا	اَلْوَرَع
لَاتَرِم	رِم	وَارِمٌ	یَرِم	وَرِم	سوجن	اَلْوَرَم
لَاتَلِ	لِ	وَالٍ	یَلِی	وَلِی	نزدیک ہونا	اَلْوَلْی
لَاتَرِث	رِث	وَارِثٌ	یَرِث	وَرِث	وارث ہونا	اَلْوِرَاثَۃ
لَاتَیْئِس	ئِس	یَائِسٌ	یَیْئَس	یَئِس	ناامید ہونا	اَلْیَأْس
باب افتعال (صحیح)						
لَاتَجْتَنِب	اِجْتَنِب	مُجْتَنِبٌ	یَجْتَنِب	اِجْتَنَب	پرہیز کرنا	اَلْاِجْتِنَاب

نہی	امر	اسم فاعل	مضارع	ماضی	معنی مصدر	مصدر
لَاتَقْتَرِب	اِقْتَرِب	مُقْتَرِبٌ	يَقْتَرِب	اِقْتَرَب	نزدیک ہونا	اَلْاِقْتِرَاب
لَاتَغْتَسِل	اِغْتَسِل	مُغْتَسِلٌ	يَغْتَسِل	اِغْتَسَل	نہانا	اَلْاِغْتِسَال
لَاتَكْتَسِب	اِكْتَسِب	مُكْتَسِبٌ	يَكْتَسِب	اِكْتَسَب	کمانا	اَلْاِكْتِسَاب
لَاتَلْتَهِب	اِلْتَهِب	مُلْتَهِبٌ	يَلْتَهِب	اِلْتَهَب	بھڑکنا	اَلْاِلْتِهَاب
لَاتَنْتَخِب	اِنْتَخِب	مُنْتَخِبٌ	يَنْتَخِب	اِنْتَخَب	چھانٹنا	اَلْاِنْتِخَاب
لَاتَعْتَمِد	اِعْتَمِد	مُعْتَمِدٌ	يَعْتَمِد	اِعْتَمَد	بھروسہ کرنا	اَلْاِعْتِمَاد
لَاتَسْتَتِر	اِسْتَتِر	مُسْتَتِرٌ	يَسْتَتِر	اِسْتَتَر	چھپنا	اَلْاِسْتِتَار
لَاتَحْتَرِز	اِحْتَرِز	مُحْتَرِزٌ	يَحْتَرِز	اِحْتَرَز	پرہیز کرنا	اَلْاِحْتِرَاز
لَاتَقْتَبِس	اِقْتَبِس	مُقْتَبِسٌ	يَقْتَبِس	اِقْتَبَس	چھائلیس نور حاصل کرنا	اَلْاِقْتِبَاس
لَاتَلْتَمِس	اِلْتَمِس	مُلْتَمِسٌ	يَلْتَمِس	اِلْتَمَس	ڈھونڈنا	اَلْاِلْتِمَاس
لَاتَخْتَلِط	اِخْتَلِط	مُخْتَلِطٌ	يَخْتَلِط	اِخْتَلَط	ملنا	اَلْاِخْتِلَاط
لَاتَسْتَمِع	اِسْتَمِع	مُسْتَمِعٌ	يَسْتَمِع	اِسْتَمَع	سننا	اَلْاِسْتِمَاع
لَاتَنْتَفِع	اِنْتَفِع	مُنْتَفِعٌ	يَنْتَفِع	اِنْتَفَع	نفع اٹھانا	اَلْاِنْتِفَاع
لَاتَحْتَرِق	اِحْتَرِق	مُحْتَرِقٌ	يَحْتَرِق	اِحْتَرَق	جلنا	اَلْاِحْتِرَاق
لَاتَحْتَمِل	اِحْتَمِل	مُحْتَمِلٌ	يَحْتَمِل	اِحْتَمَل	اٹھانا	اَلْاِحْتِمَال
لَاتَخْتَطِف	اِخْتَطِف	مُخْتَطِفٌ	يَخْتَطِف	اِخْتَطَف	اُچک لینا	اَلْاِخْتِطَاف
لَاتَشْتَغِل	اِشْتَغِل	مُشْتَغِلٌ	يَشْتَغِل	اِشْتَغَل	مشغول ہونا	اَلْاِشْتِغَال
لَاتَعْتَدِل	اِعْتَدِل	مُعْتَدِلٌ	يَعْتَدِل	اِعْتَدَل	سیدھا ہونا	اَلْاِعْتِدَال
لَاتَنْتَقِل	اِنْتَقِل	مُنْتَقِلٌ	يَنْتَقِل	اِنْتَقَل	ایک سے دوسری جگہ جانا	اَلْاِنْتِقَال
لَاتَخْتَتِم	اِخْتَتِم	مُخْتَتِمٌ	يَخْتَتِم	اِخْتَتَم	ختم ہونا	اَلْاِخْتِتَام

مصدر	معنی مصدر	ماضی	مضارع	اسم فاعل	امر	نہی
اَلْاِقْتِرَانُ	نزدیک ہونا	اِقْتَرَنَ	يَقْتَرِنُ	مُقْتَرِنٌ	اِقْتَرِنْ	لَاتَقْتَرِنْ
اَلْاِخْتِبَارُ	آزمانا	اِخْتَبَرَ	يَخْتَبِرُ	مُخْتَبِرٌ	اِخْتَبِرْ	لَاتَخْتَبِرْ
اَلْاِرْتِعَادُ	کانپنا	اِرْتَعَدَ	يَرْتَعِدُ	مُرْتَعِدٌ	اِرْتَعِدْ	لَاتَرْتَعِدْ
باب اِفتعال (مضاعف)						
اَلْاِشْتِدَادُ	سخت ہونا	اِشْتَدَّ	يَشْتَدُّ	مُشْتَدٌّ	اِشْتَدِدْ	لَاتَشْتَدِدْ
اَلْاِعْتِدَادُ	شمار کرنا	اِعْتَدَّ	يَعْتَدُّ	مُعْتَدٌّ	اِعْتَدِدْ	لَاتَعْتَدِدْ
اَلْاِلْتِذَاذُ	لذت پانا	اِلْتَذَّ	يَلْتَذُّ	مُلْتَذٌّ	اِلْتَذِذْ	لَاتَلْتَذِذْ
اَلْاِغْتِرَارُ	دھوکا کھانا	اِغْتَرَّ	يَغْتَرُّ	مُغْتَرٌّ	اِغْتَرِرْ	لَاتَغْتَرِرْ
اَلْاِبْتِلَالُ	تر ہونا	اِبْتَلَّ	يَبْتَلُّ	مُبْتَلٌّ	اِبْتَلِلْ	لَاتَبْتَلِلْ
اَلْاِغْتِمَامُ	غمگین ہونا	اِغْتَمَّ	يَغْتَمُّ	مُغْتَمٌّ	اِغْتَمِمْ	لَاتَغْتَمِمْ
اَلْاِهْتِمَامُ	بندوبست کرنا	اِهْتَمَّ	يَهْتَمُّ	مُهْتَمٌّ	اِهْتَمِمْ	لَاتَهْتَمِمْ
باب اِفتعال (معتل)						
اَلْاِتِّضَاحُ	روشن ہونا	اِتَّضَحَ	يَتَّضِحُ	مُتَّضِحٌ	اِتَّضِحْ	لَاتَتَّضِحْ
اَلْاِتِّسَاعُ	فراخ ہونا	اِتَّسَعَ	يَتَّسِعُ	مُتَّسِعٌ	اِتَّسِعْ	لَاتَتَّسِعْ
اَلْاِتِّخَاذُ	بنانا، پکڑنا	اِتَّخَذَ	يَتَّخِذُ	مُتَّخِذٌ	اِتَّخِذْ	لَاتَتَّخِذْ
اَلْاِتِّقَادُ	روشن ہونا	اِتَّقَدَ	يَتَّقِدُ	مُتَّقِدٌ	اِتَّقِدْ	لَاتَتَّقِدْ
اَلْاِحْتِيَاجُ	محتاج ہونا	اِحْتَاجَ	يَحْتَاجُ	مُحْتَاجٌ	اِحْتَجْ	لَاتَحْتَجْ
اَلْاِزْدِيَادُ	زیادہ ہونا	اِزْدَادَ	يَزْدَادُ	مُزْدَادٌ	اِزْدَدْ	لَاتَزْدَدْ
اَلْاِخْتِيَارُ	پسند کرنا	اِخْتَارَ	يَخْتَارُ	مُخْتَارٌ	اِخْتَرْ	لَاتَخْتَرْ
اَلْاِمْتِيَازُ	جدا ہونا	اِمْتَازَ	يَمْتَازُ	مُمْتَازٌ	اِمْتَزْ	لَاتَمْتَزْ

مصدر	معنی مصدر	ماضی	مضارع	اسم فاعل	امر	نہی
اَلْاِقْتِدَاءُ	پیروی کرنا	اِقْتَدٰی	یَقْتَدِیْ	مُقْتَدٍ	اِقْتَدِ	لَاتَقْتَدِ
اَلْاِهْتِدَاءُ	راہ پانا	اِهْتَدٰی	یَهْتَدِیْ	مُهْتَدٍ	اِهْتَدِ	لَاتَهْتَدِ
اَلْاِدِّعَاءُ	دعوی کرنا	اِدَّعٰی	یَدَّعِیْ	مُدَّعٍ	اِدَّعِ	لَاتَدَّعِ
اَلْاِبْتِغَاءُ	طلب کرنا	اِبْتَغٰی	یَبْتَغِیْ	مُبْتَغٍ	اِبْتَغِ	لَاتَبْتَغِ
اَلْاِلْتِقَاءُ	ملنا	اِلْتَقٰی	یَلْتَقِیْ	مُلْتَقٍ	اِلْتَقِ	لَاتَلْتَقِ
اَلْاِجْتِبَاءُ	قبول کرنا	اِجْتَبٰی	یَجْتَبِیْ	مُجْتَبٍ	اِجْتَبِ	لَاتَجْتَبِ
اَلْاِصْطِفَاءُ	قبول کرنا	اِصْطَفٰی	یَصْطَفِیْ	مُصْطَفٍ	اِصْطَفِ	لَاتَصْطَفِ
اَلْاِسْتِوَاءُ	برابر ہونا	اِسْتَوٰی	یَسْتَوِیْ	مُسْتَوٍ	اِسْتَوِ	لَاتَسْتَوِ
اَلْاِمْتِلَاءُ	بھرنا	اِمْتَلٰی	یَمْتَلِیْ	مُمْتَلٍ	اِمْتَلِ	لَاتَمْتَلِ
اَلْاِرْتِعَاءُ	چرنا	اِرْتَعٰی	یَرْتَعِیْ	مُرْتَعٍ	اِرْتَعِ	لَاتَرْتَعِ
اَلْاِتِّقَاءُ	بچنا	اِتَّقٰی	یَتَّقِیْ	مُتَّقٍ	اِتَّقِ	لَاتَتَّقِ
اَلْاِشْتِهَاءُ	خواہش رکھنا	اِشْتَهٰی	یَشْتَهِیْ	مُشْتَهٍ	اِشْتَهِ	لَاتَشْتَهِ
اَلْاِرْتِضَاءُ	پسند کرنا	اِرْتَضٰی	یَرْتَضِیْ	مُرْتَضٍ	اِرْتَضِ	لَاتَرْتَضِ

بابِ اِسْتِفْعَال (صحیح)

مصدر	معنی مصدر	ماضی	مضارع	اسم فاعل	امر	نہی
اَلْاِسْتِخْرَاجُ	نکالنا	اِسْتَخْرَجَ	یَسْتَخْرِجُ	مُسْتَخْرِجٌ	اِسْتَخْرِجْ	لَاتَسْتَخْرِجْ
اَلْاِسْتِبْشَارُ	خوش ہونا	اِسْتَبْشَرَ	یَسْتَبْشِرُ	مُسْتَبْشِرٌ	اِسْتَبْشِرْ	لَاتَسْتَبْشِرْ
اَلْاِسْتِنْصَارُ	مدد چاہنا	اِسْتَنْصَرَ	یَسْتَنْصِرُ	مُسْتَنْصِرٌ	اِسْتَنْصِرْ	لَاتَسْتَنْصِرْ
اَلْاِسْتِخْبَارُ	خبر دریافت کرنا	اِسْتَخْبَرَ	یَسْتَخْبِرُ	مُسْتَخْبِرٌ	اِسْتَخْبِرْ	لَاتَسْتَخْبِرْ
اَلْاِسْتِحْقَارُ	حقیر سمجھنا	اِسْتَحْقَرَ	یَسْتَحْقِرُ	مُسْتَحْقِرٌ	اِسْتَحْقِرْ	لَاتَسْتَحْقِرْ
اَلْاِسْتِغْفَارُ	بخشش چاہنا	اِسْتَغْفَرَ	یَسْتَغْفِرُ	مُسْتَغْفِرٌ	اِسْتَغْفِرْ	لَاتَسْتَغْفِرْ

نہی	امر	اسم فاعل	مضارع	ماضی	معنی مصدر	مصدر
لَاتَسْتَفْسِرْ	اِسْتَفْسِرْ	مُسْتَفْسِرٌ	یَسْتَفْسِرُ	اِسْتَفْسَرَ	پوچھنا	اَلْاِسْتِفْسَارُ
لَاتَسْتَخْلِفْ	اِسْتَخْلِفْ	مُسْتَخْلِفٌ	یَسْتَخْلِفُ	اِسْتَخْلَفَ	خلیفہ بنانا	اَلْاِسْتِخْلَافُ
لَاتَسْتَبْدِلْ	اِسْتَبْدِلْ	مُسْتَبْدِلٌ	یَسْتَبْدِلُ	اِسْتَبْدَلَ	بدلنا	اَلْاِسْتِبْدَالُ
لَاتَسْتَكْمِلْ	اِسْتَكْمِلْ	مُسْتَكْمِلٌ	یَسْتَكْمِلُ	اِسْتَكْمَلَ	پورا کرنا	اَلْاِسْتِكْمَالُ
لَاتَسْتَخْدِمْ	اِسْتَخْدِمْ	مُسْتَخْدِمٌ	یَسْتَخْدِمُ	اِسْتَخْدَمَ	خدمت چاہنا	اَلْاِسْتِخْدَامُ
لَاتَسْتَفْهِمْ	اِسْتَفْهِمْ	مُسْتَفْهِمٌ	یَسْتَفْهِمُ	اِسْتَفْهَمَ	پوچھنا	اَلْاِسْتِفْهَامُ
لَاتَسْتَبْعِدْ	اِسْتَبْعِدْ	مُسْتَبْعِدٌ	یَسْتَبْعِدُ	اِسْتَبْعَدَ	دور ہونا	اَلْاِسْتِبْعَادُ
لَاتَسْتَمْتِعْ	اِسْتَمْتِعْ	مُسْتَمْتِعٌ	یَسْتَمْتِعُ	اِسْتَمْتَعَ	نفع اٹھانا	اَلْاِسْتِمْتَاعُ

باب استفعال (مضاعف و مثال)

نہی	امر	اسم فاعل	مضارع	ماضی	معنی مصدر	مصدر
لَاتَسْتَحِبَّ	اِسْتَحِبَّ	مُسْتَحِبٌّ	یَسْتَحِبُّ	اِسْتَحَبَّ	دوست رکھنا	اَلْاِسْتِحْبَابُ
لَاتَسْتَمِدَّ	اِسْتَمِدَّ	مُسْتَمِدٌّ	یَسْتَمِدُّ	اِسْتَمَدَّ	مدد چاہنا	اَلْاِسْتِمْدَادُ
لَاتَسْتَحِقَّ	اِسْتَحِقَّ	مُسْتَحِقٌّ	یَسْتَحِقُّ	اِسْتَحَقَّ	لائق ہونا	اَلْاِسْتِحْقَاقُ
لَاتَسْتَأْذِنْ	اِسْتَأْذِنْ	مُسْتَأْذِنٌ	یَسْتَأْذِنُ	اِسْتَأْذَنَ	اجازت چاہنا	اَلْاِسْتِئْذَانُ
لَاتَسْتَجِبْ	اِسْتَجِبْ	مُسْتَجِیبٌ	یَسْتَجِیبُ	اِسْتَجَابَ	قبول کرنا	اَلْاِسْتِجَابَۃُ
لَاتَسْتَغِثْ	اِسْتَغِثْ	مُسْتَغِیثٌ	یَسْتَغِیثُ	اِسْتَغَاثَ	فریاد چاہنا	اَلْاِسْتِغَاثَۃُ
لَاتَسْتَفِدْ	اِسْتَفِدْ	مُسْتَفِیدٌ	یَسْتَفِیدُ	اِسْتَفَادَ	فائدہ حاصل کرنا	اَلْاِسْتِفَادَۃُ
لَاتَسْتَرِحْ	اِسْتَرِحْ	مُسْتَرِیحٌ	یَسْتَرِیحُ	اِسْتَرَاحَ	آرام کرنا	اَلْاِسْتِرَاحَۃُ
لَاتَسْتَعِذْ	اِسْتَعِذْ	مُسْتَعِیذٌ	یَسْتَعِیذُ	اِسْتَعَاذَ	پناہ چاہنا	اَلْاِسْتِعَاذَۃُ
لَاتَسْتَطِعْ	اِسْتَطِعْ	مُسْتَطِیعٌ	یَسْتَطِیعُ	اِسْتَطَاعَ	کرسکنا طاقت رکھنا	اَلْاِسْتِطَاعَۃُ
لَاتَسْتَقِمْ	اِسْتَقِمْ	مُسْتَقِیمٌ	یَسْتَقِیمُ	اِسْتَقَامَ	سیدھا ہونا	اَلْاِسْتِقَامَۃُ

مصدر	معنی مصدر	ماضی	مضارع	اسم فاعل	امر	نہی
اَلْاِسْتِیْفَاءُ	پورا وصول کرنا	اِسْتَوْفیٰ	یَسْتَوْفِیْ	مُسْتَوْفٍ	اِسْتَوْفِ	لَاتَسْتَوْفِ
اَلْاِسْتِفْتَاءُ	فتوی پوچھنا	اِسْتَفْتیٰ	یَسْتَفْتِیْ	مُسْتَفْتٍ	اِسْتَفْتِ	لَاتَسْتَفْتِ
اَلْاِسْتِدْعَاءُ	چاہنا	اِسْتَدْعیٰ	یَسْتَدْعِیْ	مُسْتَدْعٍ	اِسْتَدْعِ	لَاتَسْتَدْعِ
اَلْاِسْتِغْنَاءُ	بے پروائی کرنا	اِسْتَغْنیٰ	یَسْتَغْنِیْ	مُسْتَغْنٍ	اِسْتَغْنِ	لَاتَسْتَغْنِ
باب انفعال (صحیح)						
اَلْاِنْفِطَارُ	پھٹنا	اِنْفَطَرَ	یَنْفَطِرُ	مُنْفَطِرٌ	اِنْفَطِرْ	لَاتَنْفَطِرْ
اَلْاِنْشِعَابُ	شاخ در شاخ ہونا	اِنْشَعَبَ	یَنْشَعِبُ	مُنْشَعِبٌ	اِنْشَعِبْ	لَاتَنْشَعِبْ
اَلْاِنْقِلَابُ	پلٹنا	اِنْقَلَبَ	یَنْقَلِبُ	مُنْقَلِبٌ	اِنْقَلِبْ	لَاتَنْقَلِبْ
اَلْاِنْشِرَاحُ	کھلنا	اِنْشَرَحَ	یَنْشَرِحُ	مُنْشَرِحٌ	اِنْشَرِحْ	لَاتَنْشَرِحْ
اَلْاِنْعِكَاسُ	الٹنا	اِنْعَكَسَ	یَنْعَكِسُ	مُنْعَكِسٌ	اِنْعَكِسْ	لَاتَنْعَكِسْ
اَلْاِنْخِدَاعُ	فریفتہ ہونا، دھوکا کھانا	اِنْخَدَعَ	یَنْخَدِعُ	مُنْخَدِعٌ	اِنْخَدِعْ	لَاتَنْخَدِعْ
اَلْاِنْقِطَاعُ	کٹنا، علیحدہ ہونا	اِنْقَطَعَ	یَنْقَطِعُ	مُنْقَطِعٌ	اِنْقَطِعْ	لَاتَنْقَطِعْ
اَلْاِنْصِرَافُ	لوٹنا	اِنْصَرَفَ	یَنْصَرِفُ	مُنْصَرِفٌ	اِنْصَرِفْ	لَاتَنْصَرِفْ
اَلْاِنْكِشَافُ	کھلنا	اِنْكَشَفَ	یَنْكَشِفُ	مُنْكَشِفٌ	اِنْكَشِفْ	لَاتَنْكَشِفْ
اَلْاِنْخِرَاقُ	پھٹنا	اِنْخَرَقَ	یَنْخَرِقُ	مُنْخَرِقٌ	اِنْخَرِقْ	لَاتَنْخَرِقْ
اَلْاِنْعِطَافُ	لچکنا، مائل ہونا	اِنْعَطَفَ	یَنْعَطِفُ	مُنْعَطِفٌ	اِنْعَطِفْ	لَاتَنْعَطِفْ
اَلْاِنْطِلَاقُ	چلنا	اِنْطَلَقَ	یَنْطَلِقُ	مُنْطَلِقٌ	اِنْطَلِقْ	لَاتَنْطَلِقْ
اَلْاِنْفِصَالُ	جدا ہونا	اِنْفَصَلَ	یَنْفَصِلُ	مُنْفَصِلٌ	اِنْفَصِلْ	لَاتَنْفَصِلْ
اَلْاِنْقِسَامُ	بٹنا	اِنْقَسَمَ	یَنْقَسِمُ	مُنْقَسِمٌ	اِنْقَسِمْ	لَاتَنْقَسِمْ
اَلْاِنْهِدَامُ	گرنا	اِنْهَدَمَ	یَنْهَدِمُ	مُنْهَدِمٌ	اِنْهَدِمْ	لَاتَنْهَدِمْ

نہی	امر	اسم فاعل	مضارع	ماضی	معنی مصدر	مصدر

باب الانفعال (مضاعف و معتل)

نہی	امر	اسم فاعل	مضارع	ماضی	معنی مصدر	مصدر
لَاتَنْشَقْ	اِنْشَقْ	مُنْشَقْ	يَنْشَقْ	اِنْشَقَّ	پھٹنا	اَلْاِنْشِقَاقُ
لَاتَنْفَكَّ	اِنْفَكَّ	مُنْفَكٌّ	يَنْفَكُّ	اِنْفَكَّ	جدا ہونا	اَلْاِنْفِكَاكُ
لَاتَنْضَمَّ	اِنْضَمَّ	مُنْضَمٌّ	يَنْضَمُّ	اِنْضَمَّ	ملنا	اَلْاِنْضِمَامُ
لَاتَنْحَلِلْ	اِنْحَلِلْ	مُنْحَلٌّ	يَنْحَلُّ	اِنْحَلَّ	کھلنا	اَلْاِنْحِلَالُ
لَاتَنْقَدْ	اِنْقَادْ	مُنْقَادٌ	يَنْقَادُ	اِنْقَادَ	تابعداری ہونا	اَلْاِنْقِيَادُ
لَاتَنْجَلِ	اِنْجَلِ	مُنْجَلِ	يَنْجَلِى	اِنْجَلَى	کھل جانا	اَلْاِنْجِلَاءُ
لَاتَنْزَوِ	اِنْزَوِ	مُنْزَوِ	يَنْزَوِى	اِنْزَوَى	ایک طرف ہونا	اَلْاِنْزِوَاءُ
لَاتَنْقَضِ	اِنْقَضِ	مُنْقَضٍ	يَنْقَضِى	اِنْقَضَى	پورا ہونا،ختم ہونا	اَلْاِنْقِضَاءُ
لَاتَنْطَفِ	اِنْطَفِ	مُنْطَفِ	يَنْطَفِى	اِنْطَفَأَ	بجھنا	اَلْاِنْطِفَاءُ

باب الافعلال (صحیح)

نہی	امر	اسم فاعل	مضارع	ماضی	معنی مصدر	مصدر
لَاتَحْمَرَّ	اِحْمَرَّ	مُحْمَرٌّ	يَحْمَرُّ	اِحْمَرَّ	سرخ ہونا	اَلْاِحْمِرَارُ
لَاتَصْفَرِرْ	اِصْفَرِرْ	مُصْفَرٌّ	يَصْفَرُّ	اِصْفَرَّ	زرد ہونا	اَلْاِصْفِرَارُ
لَاتَخْضَرِرْ	اِخْضَرِرْ	مُخْضَرٌّ	يَخْضَرُّ	اِخْضَرَّ	سبز ہونا	اَلْاِخْضِرَارُ
لَاتَسْوَدِدْ	اِسْوَدِدْ	مُسْوَدٌّ	يَسْوَدُّ	اِسْوَدَّ	سیاہ ہونا	اَلْاِسْوِدَادُ
لَاتَبْيَضِضْ	اِبْيَضِضْ	مُبْيَضٌّ	يَبْيَضُّ	اِبْيَضَّ	سفید ہونا	اَلْاِبْيِضَاضُ
لَاتَعْوَجَّ	اِعْوَجَّ	مُعْوَجٌّ	يَعْوَجُّ	اِعْوَجَّ	ٹیڑھا ہونا	اَلْاِعْوِجَاجُ
لَاتَغْبَرِرْ	اِغْبَرِرْ	مُغْبَرٌّ	يَغْبَرُّ	اِغْبَرَّ	غبار آلود ہونا	اَلْاِغْبِرَارُ

باب افعیلال

نہی	امر	اسم فاعل	مضارع	ماضی	معنی مصدر	مصدر
لَاتَدْهَامَّ	اِدْهَامَّ	مُدْهَامٌّ	يَدْهَامُّ	اِدْهَامَّ	سیاہ ہونا	اَلْاِدْهِيمَامُ

مصدر	معنی مصدر	ماضی	مضارع	اسم فاعل	امر	نہی
الاحمیرار	سرخ ہونا	احمار	یحمار	محمار	احمارر	لاتحمارر
الاشہیباب	گھوڑے کا سفید ہونا	اشہاب	یشہاب	مشہاب	اشہابب	لاتشہابب
الاکمیتات	گھوڑے کا کمیت ہونا	اکمات	یکمات	مکمات	اکماتت	لاتکماتت
الاسمیرار	گندم گوں ہونا	اسمار	یسمار	مسمار	اسمارر	لاتسمارر
الاصحیرار	گھاس خشک ہونا	اصحار	یصحار	مصحار	اصحارر	لاتصحارر

باب افعیعال

مصدر	معنی مصدر	ماضی	مضارع	اسم فاعل	امر	نہی
الاخشیشان	بہت کھردرا ہونا	اخشوشن	یخشوشن	مخشوشن	اخشوشن	لاتخشوشن
الاخلیلاق	کپڑے کا پرانا ہونا	اخلولق	یخلولق	مخلولق	اخلولق	لاتخلولق
الاملیلاح	پانی کا کھاری ہونا	املولح	یملولح	مملولح	املولح	لاتملولح
الاخریراق	کپڑے کا پھٹ جانا	اخرورق	یخرورق	مخرورق	اخرورق	لاتخرورق

باب افعوال

مصدر	معنی مصدر	ماضی	مضارع	اسم فاعل	امر	نہی
الاجلواذ	گھوڑے کا دوڑنا	اجلوذ	یجلوذ	مجلوذ	اجلوذ	لاتجلوذ
الاخرواط	لکڑی کا چھیلنا	اخروط	یخروط	مخروط	اخروط	لاتخروط
الاعلواط	اونٹ کی گردن میں قلادہ باندھنا	اعلوط	یعلوط	معلوط	اعلوط	لاتعلوط

باب اثاعل

مصدر	معنی مصدر	ماضی	مضارع	اسم فاعل	امر	نہی
الاثاقل	بھاری ہونا	اثاقل	یثاقل	مثاقل	اثاقل	لاتثاقل
الادارک	پہنچنا، پہچانا	ادارک	یدارک	مدارک	ادارک	لاتدارک
الاشابہ	ہم شکل ہونا	اشابہ	یشابہ	مشابہ	اشابہ	لاتشابہ
الاصالح	آپس میں صلح کرنا	اصالح	یصالح	مصالح	اصالح	لاتصالح

مصدر	معنی مصدر	ماضی	مضارع	اسم فاعل	امر	نہی
باب اِفَّعُّل						
اَلْاِطَّهُّرُ	پاک ہونا	اِطَّهَّرَ	يَطَّهَّرُ	مُطَّهِّرٌ	اِطَّهَّرْ	لَاتَطَّهَّرْ
اَلْاِزَّمُّلُ	کپڑا اوڑھنا	اِزَّمَّلَ	يَزَّمَّلُ	مُزَّمِّلٌ	اِزَّمَّلْ	لَاتَزَّمَّلْ
اَلْاِضَّرُّعُ	عاجزی کرنا	اِضَّرَّعَ	يَضَّرَّعُ	مُضَّرِّعٌ	اِضَّرَّعْ	لَاتَضَّرَّعْ
اَلْاِذَّكُّرُ	نصیحت قبول کرنا	اِذَّكَّرَ	يَذَّكَّرُ	مُذَّكِّرٌ	اِذَّكَّرْ	لَاتَذَّكَّرْ
اَلْاِجَّنُّبُ	دُور رہنا	اِجَّنَّبَ	يَجَّنَّبُ	مُجَّنِّبٌ	اِجَّنَّبْ	لَاتَجَّنَّبْ
باب اِفعال (صحیح)						
اَلْاِكْرَامُ	عزت کرنا	اَكْرَمَ	يُكْرِمُ	مُكْرِمٌ	اَكْرِمْ	لَاتُكْرِمْ
اَلْاِذْهَابُ	لے جانا	اَذْهَبَ	يُذْهِبُ	مُذْهِبٌ	اَذْهِبْ	لَاتُذْهِبْ
اَلْاِسْكَاتُ	چُپ کرانا	اَسْكَتَ	يُسْكِتُ	مُسْكِتٌ	اَسْكِتْ	لَاتُسْكِتْ
اَلْاِنْبَاتُ	اُگانا	اَنْبَتَ	يُنْبِتُ	مُنْبِتٌ	اَنْبِتْ	لَاتُنْبِتْ
اَلْاِنْصَاتُ	چُپ ہونا	اَنْصَتَ	يُنْصِتُ	مُنْصِتٌ	اَنْصِتْ	لَاتُنْصِتْ
اَلْاِخْرَاجُ	نکالنا	اَخْرَجَ	يُخْرِجُ	مُخْرِجٌ	اَخْرِجْ	لَاتُخْرِجْ
اَلْاِبْعَادُ	دُور کرنا	اَبْعَدَ	يُبْعِدُ	مُبْعِدٌ	اَبْعِدْ	لَاتُبْعِدْ
اَلْاِرْشَادُ	راہ دکھانا	اَرْشَدَ	يُرْشِدُ	مُرْشِدٌ	اَرْشِدْ	لَاتُرْشِدْ
اَلْاِبْصَارُ	دیکھنا	اَبْصَرَ	يُبْصِرُ	مُبْصِرٌ	اَبْصِرْ	لَاتُبْصِرْ
اَلْاِحْضَارُ	حاضر کرنا	اَحْضَرَ	يُحْضِرُ	مُحْضِرٌ	اَحْضِرْ	لَاتُحْضِرْ
اَلْاِخْبَارُ	خبر دینا	اَخْبَرَ	يُخْبِرُ	مُخْبِرٌ	اَخْبِرْ	لَاتُخْبِرْ
اَلْاِنْزَالُ	اُتارنا	اَنْزَلَ	يُنْزِلُ	مُنْزِلٌ	اَنْزِلْ	لَاتُنْزِلْ
اَلْاِجْلَاسُ	بٹھانا	اَجْلَسَ	يُجْلِسُ	مُجْلِسٌ	اَجْلِسْ	لَاتُجْلِسْ

مصدر	معنی مصدر	ماضی	مضارع	اسم فاعل	امر	نہی
اَلْاِسْقَاطُ	گرانا	اَسْقَطَ	یُسْقِطُ	مُسْقِطٌ	اَسْقِطْ	لَاتُسْقِطْ
اَلْاِنْذَارُ	ڈرانا	اَنْذَرَ	یُنْذِرُ	مُنْذِرٌ	اَنْذِرْ	لَاتُنْذِرْ
اَلْاِغْلَاقُ	بند کرنا	اَغْلَقَ	یُغْلِقُ	مُغْلِقٌ	اَغْلِقْ	لَاتُغْلِقْ
اَلْاِبْلَاغُ	پہنچانا	اَبْلَغَ	یُبْلِغُ	مُبْلِغٌ	اَبْلِغْ	لَاتُبْلِغْ
اَلْاِحْرَاقُ	جلانا	اَحْرَقَ	یُحْرِقُ	مُحْرِقٌ	اَحْرِقْ	لَاتُحْرِقْ
اَلْاِهْلَاكُ	ہلاک کرنا	اَهْلَكَ	یُهْلِكُ	مُهْلِكٌ	اَهْلِكْ	لَاتُهْلِكْ
اَلْاِبْدَالُ	بدل کرنا	اَبْدَلَ	یُبْدِلُ	مُبْدِلٌ	اَبْدِلْ	لَاتُبْدِلْ
اَلْاِبْطَالُ	باطل کرنا	اَبْطَلَ	یُبْطِلُ	مُبْطِلٌ	اَبْطِلْ	لَاتُبْطِلْ
اَلْاِرْسَالُ	بھیجنا، چھوڑنا	اَرْسَلَ	یُرْسِلُ	مُرْسِلٌ	اَرْسِلْ	لَاتُرْسِلْ
اَلْاِكْمَالُ	پورا کرنا	اَكْمَلَ	یُكْمِلُ	مُكْمِلٌ	اَكْمِلْ	لَاتُكْمِلْ
اَلْاِطْعَامُ	کھانا کھلانا	اَطْعَمَ	یُطْعِمُ	مُطْعِمٌ	اَطْعِمْ	لَاتُطْعِمْ
اَلْاِسْلَامُ	تابعدار ہونا	اَسْلَمَ	یُسْلِمُ	مُسْلِمٌ	اَسْلِمْ	لَاتُسْلِمْ
اَلْاِعْرَاضُ	منہ پھیرنا	اَعْرَضَ	یُعْرِضُ	مُعْرِضٌ	اَعْرِضْ	لَاتُعْرِضْ

باب اِفعال (مثال واوی)

اَلْاِیْجَابُ	واجب کرنا	اَوْجَبَ	یُوْجِبُ	مُوْجِبٌ	اَوْجِبْ	لَاتُوْجِبْ
اَلْاِیْقَاظُ	جگانا	اَیْقَظَ	یُوْقِظُ	مُوْقِظٌ	اَیْقِظْ	لَاتُوْقِظْ
اَلْاِیْقَادُ	روشن کرنا	اَوْقَدَ	یُوْقِدُ	مُوْقِدٌ	اَوْقِدْ	لَاتُوْقِدْ
اَلْاِیْقَافُ	کھڑا کرنا	اَوْقَفَ	یُوْقِفُ	مُوْقِفٌ	اَوْقِفْ	لَاتُوْقِفْ
اَلْاِیْضَاحُ	ظاہر کرنا	اَوْضَحَ	یُوْضِحُ	مُوْضِحٌ	اَوْضِحْ	لَاتُوْضِحْ
اَلْاِیْصَالُ	پہنچانا	اَوْصَلَ	یُوْصِلُ	مُوْصِلٌ	اَوْصِلْ	لَاتُوْصِلْ

مصدر	معنی مصدر	ماضی	مضارع	اسم فاعل	امر	نہی
اَلْاِجَابَةُ	جواب دینا، قبول کرنا	اَجَابَ	يُجِيْبُ	مُجِيْبٌ	اَجِبْ	لَاتُجِبْ
اَلْاِصَابَةُ	ٹھیک راہ پر ہونا، مصیبت پہنچنا	اَصَابَ	يُصِيْبُ	مُصِيْبٌ	اَصِبْ	لَاتُصِبْ
اَلْاِبَاحَةُ	مباح کرنا	اَبَاحَ	يُبِيْحُ	مُبِيْحٌ	اَبِحْ	لَاتُبِحْ
اَلْاِمَاتَةُ	مارنا	اَمَاتَ	يُمِيْتُ	مُمِيْتٌ	اَمِتْ	لَاتُمِتْ
اَلْاِغَاثَةُ	فریاد کو پہنچنا	اَغَاثَ	يُغِيْثُ	مُغِيْثٌ	اَغِثْ	لَاتُغِثْ
اَلْاِعَانَةُ	مدد کرنا	اَعَانَ	يُعِيْنُ	مُعِيْنٌ	اَعِنْ	لَاتُعِنْ
اَلْاِرَاحَةُ	آرام دینا	اَرَاحَ	يُرِيْحُ	مُرِيْحٌ	اَرِحْ	لَاتُرِحْ
اَلْاِرَادَةُ	ارادہ کرنا	اَرَادَ	يُرِيْدُ	مُرِيْدٌ	اَرِدْ	لَاتُرِدْ
اَلْاِفَادَةُ	فائدہ پہنچانا	اَفَادَ	يُفِيْدُ	مُفِيْدٌ	اَفِدْ	لَاتُفِدْ
اَلْاِطَاعَةُ	تابعداری کرنا	اَطَاعَ	يُطِيْعُ	مُطِيْعٌ	اَطِعْ	لَاتُطِعْ
اَلْاِذَابَةُ	پگھلانا	اَذَابَ	يُذِيْبُ	مُذِيْبٌ	اَذِبْ	لَاتُذِبْ
اَلْاِقَامَةُ	قائم کرنا، مقیم رہنا	اَقَامَ	يُقِيْمُ	مُقِيْمٌ	اَقِمْ	لَاتُقِمْ

باب افعال ناقص و مہموز

مصدر	معنی مصدر	ماضی	مضارع	اسم فاعل	امر	نہی
اَلْاِنْجَاءُ	نجات دینا	اَنْجٰى	يُنْجِيْ	مُنْجٍ	اَنْجِ	لَاتُنْجِ
اَلْاِجْرَاءُ	جاری کرنا	اَجْرٰى	يُجْرِيْ	مُجْرٍ	اَجْرِ	لَاتُجْرِ
اَلْاِنْسَاءُ	بھلانا	اَنْسٰى	يُنْسِيْ	مُنْسٍ	اَنْسِ	لَاتُنْسِ
اَلْاِبْقَاءُ	باقی رکھنا	اَبْقٰى	يُبْقِيْ	مُبْقٍ	اَبْقِ	لَاتُبْقِ
اَلْاِلْقَاءُ	ڈالنا	اَلْقٰى	يُلْقِيْ	مُلْقٍ	اَلْقِ	لَاتُلْقِ
اَلْاِعْطَاءُ	دینا	اَعْطٰى	يُعْطِيْ	مُعْطٍ	اَعْطِ	لَاتُعْطِ
اَلْاِعْلَاءُ	بلند کرنا	اَعْلٰى	يُعْلِيْ	مُعْلٍ	اَعْلِ	لَاتُعْلِ

نہی	امر	اسم فاعل	مضارع	ماضی	معنی مصدر	مصدر
لَایُعْیِ	اَعْیِ	مُعْیٍ	یُعْیِی	اَعْیٰی	عاجز کرنا تھکانا	اَلْاِعْیَاءُ
لَاتُخْفِ	اَخْفِ	مُخْفٍ	یُخْفِی	اَخْفٰی	چھپانا	اَلْاِخْفَاءُ
لَاتُحْیِ	اَحْیِ	مُحْیٍ	یُحْیِی	اَحْیٰی	زندہ کرنا	اَلْاِحْیَاءُ
لَاتُوْتِ	اٰتِ	مُوْتٍ	یُوْتِی	اٰتٰی	دینا	اَلْاِیْتَاءُ
لَاتُوْذِ	اٰذِ	مُوْذٍ	یُوْذِی	اٰذٰی	تکلیف دینا ستانا	اَلْاِیْذَاءُ
لَاتُنْشِئْ	اَنْشِئْ	مُنْشِئٌ	یُنْشِئُ	اَنْشَأَ	پیدا کرنا	اَلْاِنْشَاءُ
لَاتُبْطِئْ	اَبْطِئْ	مُبْطِئٌ	یُبْطِئُ	اَبْطَأَ	دیر کرنا	اَلْاِبْطَاءُ
لَاتُخْطِئْ	اَخْطِئْ	مُخْطِئٌ	یُخْطِئُ	اَخْطَأَ	خطا کرنا	اَلْاِخْطَاءُ

باب اِفْعَال (مضاعف)

نہی	امر	اسم فاعل	مضارع	ماضی	معنی مصدر	مصدر
لَاتُتِمَّ	اَتِمَّ	مُتِمٌّ	یُتِمُّ	اَتَمَّ	پورا کرنا	اَلْاِتْمَامُ
لَاتُمِلَّ	اَمِلَّ	مُمِلٌّ	یُمِلُّ	اَمَلَّ	رنجیدہ کرنا	اَلْاِمْلَالُ
لَاتُضِلَّ	اَضِلَّ	مُضِلٌّ	یُضِلُّ	اَضَلَّ	گمراہ کرنا	اَلْاِضْلَالُ
لَاتُحِبَّ	اَحِبَّ	مُحِبٌّ	یُحِبُّ	اَحَبَّ	دوست رکھنا	اَلْاِحْبَابُ
لَاتُسِرَّ	اَسِرَّ	مُسِرٌّ	یُسِرُّ	اَسَرَّ	چھپانا	اَلْاِسْرَارُ
لَاتُصِرَّ	اَصِرَّ	مُصِرٌّ	یُصِرُّ	اَصَرَّ	ہٹ کرنا	اَلْاِصْرَارُ
لَاتُدِلَّ	اَدِلَّ	مُدِلٌّ	یُدِلُّ	اَدَلَّ	نازکرنا	اَلْاِدْلَالُ

باب تَفْعِیْل (صحیح)

نہی	امر	اسم فاعل	مضارع	ماضی	معنی مصدر	مصدر
لَاتُرَغِّبْ	رَغِّبْ	مُرَغِّبٌ	یُرَغِّبُ	رَغَّبَ	رغبت دلانا	اَلتَّرْغِیْبُ
لَاتُعَذِّبْ	عَذِّبْ	مُعَذِّبٌ	یُعَذِّبُ	عَذَّبَ	عذاب دینا	اَلتَّعْذِیْبُ
لَاتُقَرِّبْ	قَرِّبْ	مُقَرِّبٌ	یُقَرِّبُ	قَرَّبَ	نزدیک کرنا	اَلتَّقْرِیْبُ

مصدر	معنی مصدر	ماضی	مضارع	اسم فاعل	امر	نہی
اَلتَّكْذِيْبُ	جھٹلانا	كَذَّبَ	يُكَذِّبُ	مُكَذِّبٌ	كَذِّبْ	لَا تُكَذِّبْ
اَلتَّصْدِيْقُ	سچا کرنا	صَدَّقَ	يُصَدِّقُ	مُصَدِّقٌ	صَدِّقْ	لَا تُصَدِّقْ
اَلتَّرْجِيْحُ	ایک کو دوسرے پر زیادتی دینا	رَجَّحَ	يُرَجِّحُ	مُرَجِّحٌ	رَجِّحْ	لَا تُرَجِّحْ
اَلتَّصْرِيْحُ	ظاہر کرنا	صَرَّحَ	يُصَرِّحُ	مُصَرِّحٌ	صَرِّحْ	لَا تُصَرِّحْ
اَلتَّحْقِيْرُ	حقیر کرنا	حَقَّرَ	يُحَقِّرُ	مُحَقِّرٌ	حَقِّرْ	لَا تُحَقِّرْ
اَلتَّذْكِيْرُ	یاد دلانا	ذَكَّرَ	يُذَكِّرُ	مُذَكِّرٌ	ذَكِّرْ	لَا تُذَكِّرْ
اَلتَّشْهِيْرُ	مشہور کرنا	شَهَّرَ	يُشَهِّرُ	مُشَهِّرٌ	شَهِّرْ	لَا تُشَهِّرْ
اَلتَّطْهِيْرُ	پاک کرنا	طَهَّرَ	يُطَهِّرُ	مُطَهِّرٌ	طَهِّرْ	لَا تُطَهِّرْ
اَلتَّقْصِيْرُ	کوتاہی کرنا	قَصَّرَ	يُقَصِّرُ	مُقَصِّرٌ	قَصِّرْ	لَا تُقَصِّرْ
اَلتَّكْثِيْرُ	زیادہ کرنا	كَثَّرَ	يُكَثِّرُ	مُكَثِّرٌ	كَثِّرْ	لَا تُكَثِّرْ
اَلتَّقْدِيْسُ	پاک کرنا	قَدَّسَ	يُقَدِّسُ	مُقَدِّسٌ	قَدِّسْ	لَا تُقَدِّسْ
اَلتَّفْتِيْشُ	تلاش کرنا	فَتَّشَ	يُفَتِّشُ	مُفَتِّشٌ	فَتِّشْ	لَا تُفَتِّشْ
اَلتَّسْلِيْطُ	مسلط کرنا	سَلَّطَ	يُسَلِّطُ	مُسَلِّطٌ	سَلِّطْ	لَا تُسَلِّطْ
اَلتَّصْرِيْفُ	پھیرنا	صَرَّفَ	يُصَرِّفُ	مُصَرِّفٌ	صَرِّفْ	لَا تُصَرِّفْ
اَلتَّحْرِيْكُ	حرکت دینا	حَرَّكَ	يُحَرِّكُ	مُحَرِّكٌ	حَرِّكْ	لَا تُحَرِّكْ
اَلتَّمْلِيْكُ	مالک بنانا	مَلَّكَ	يُمَلِّكُ	مُمَلِّكٌ	مَلِّكْ	لَا تُمَلِّكْ
اَلتَّبْدِيْلُ	بدلنا	بَدَّلَ	يُبَدِّلُ	مُبَدِّلٌ	بَدِّلْ	لَا تُبَدِّلْ
اَلتَّعْجِيْلُ	جلدی کرنا	عَجَّلَ	يُعَجِّلُ	مُعَجِّلٌ	عَجِّلْ	لَا تُعَجِّلْ
اَلتَّكْمِيْلُ	پورا کرنا	كَمَّلَ	يُكَمِّلُ	مُكَمِّلٌ	كَمِّلْ	لَا تُكَمِّلْ
اَلتَّحْرِيْمُ	حرام کرنا	حَرَّمَ	يُحَرِّمُ	مُحَرِّمٌ	حَرِّمْ	لَا تُحَرِّمْ

نہی	امر	اسم فاعل	مضارع	ماضی	معنی مصدر	مصدر
لَاتُسَلِّمْ	سَلِّمْ	مُسَلِّمٌ	يُسَلِّمُ	سَلَّمَ	سلام کرنا، سپردکرنا	اَلتَّسْلِيمُ
لَاتُعَلِّمْ	عَلِّمْ	مُعَلِّمٌ	يُعَلِّمُ	عَلَّمَ	سکھانا	اَلتَّعْلِيمُ
لَاتُفَهِّمْ	فَهِّمْ	مُفَهِّمٌ	يُفَهِّمُ	فَهَّمَ	سمجھانا	اَلتَّفْهِيمُ
لَاتُقَدِّمْ	قَدِّمْ	مُقَدِّمٌ	يُقَدِّمُ	قَدَّمَ	آگے کرنا	اَلتَّقْدِيمُ
لَاتُقَسِّمْ	قَسِّمْ	مُقَسِّمٌ	يُقَسِّمُ	قَسَّمَ	بانٹنا	اَلتَّقْسِيمُ
لَاتُنَبِّهْ	نَبِّهْ	مُنَبِّهٌ	يُنَبِّهُ	نَبَّهَ	خبردار کرنا	اَلتَّنْبِيهُ
لَاتُجَرِّبْ	جَرِّبْ	مُجَرِّبٌ	يُجَرِّبُ	جَرَّبَ	آزمانا	اَلتَّجْرِبَةُ
لَاتُنَشِّفْ	نَشِّفْ	مُنَشِّفٌ	يُنَشِّفُ	نَشَّفَ	صاف کرنا	اَلتَّنْشِيفُ
لَاتُقَبِّلْ	قَبِّلْ	مُقَبِّلٌ	يُقَبِّلُ	قَبَّلَ	بوسہ لینا	اَلتَّقْبِيلُ
لَاتُمَكِّنْ	مَكِّنْ	مُمَكِّنٌ	يُمَكِّنُ	مَكَّنَ	جگہ دینا	اَلتَّمْكِينُ
لَاتُشَرِّفْ	شَرِّفْ	مُشَرِّفٌ	يُشَرِّفُ	شَرَّفَ	بزرگی دینا	اَلتَّشْرِيفُ
لَاتُكَرِّمْ	كَرِّمْ	مُكَرِّمٌ	يُكَرِّمُ	كَرَّمَ	بزرگی دینا	اَلتَّكْرِيمُ
لَاتُنَقِّدْ	نَقِّدْ	مُنَقِّدٌ	يُنَقِّدُ	نَقَّدَ	جانچنا، پرکھنا	اَلتَّنْقِيدُ

باب تفعیل (مضاعف)

نہی	امر	اسم فاعل	مضارع	ماضی	معنی مصدر	مصدر
لَاتُجَدِّدْ	جَدِّدْ	مُجَدِّدٌ	يُجَدِّدُ	جَدَّدَ	نیا کرنا	اَلتَّجْدِيدُ
لَاتُخَفِّفْ	خَفِّفْ	مُخَفِّفٌ	يُخَفِّفُ	خَفَّفَ	ہلکا کرنا	اَلتَّخْفِيفُ
لَاتُضَلِّلْ	ضَلِّلْ	مُضَلِّلٌ	يُضَلِّلُ	ضَلَّلَ	گمراہ کرنا	اَلتَّضْلِيلُ
لَاتُحَلِّلْ	حَلِّلْ	مُحَلِّلٌ	يُحَلِّلُ	حَلَّلَ	حلال کرنا	اَلتَّحْلِيلُ
لَاتُذَلِّلْ	ذَلِّلْ	مُذَلِّلٌ	يُذَلِّلُ	ذَلَّلَ	عاجز کرنا، ذلیل کرنا	اَلتَّذْلِيلُ
لَاتُقَلِّلْ	قَلِّلْ	مُقَلِّلٌ	يُقَلِّلُ	قَلَّلَ	کم کرنا	اَلتَّقْلِيلُ

نہی	امر	اسم فاعل	مضارع	ماضی	معنی مصدر	مصدر
لَاتُتَمِّمْ	تَمِّمْ	مُتَمِّمٌ	يُتَمِّمُ	تَمَّمَ	تمام کرنا	اَلتَّتْمِيمُ

تفعيل (معتل و مهموز)

نہی	امر	اسم فاعل	مضارع	ماضی	معنی مصدر	مصدر
لَاتُوَحِّدْ	وَحِّدْ	مُوَحِّدٌ	يُوَحِّدُ	وَحَّدَ	ایک کا قائل ہونا	اَلتَّوْحِيدُ
لَاتُؤَكِّدْ	اَكِّدْ	مُؤَكِّدٌ	يُؤَكِّدُ	اَكَّدَ	مضبوط کرنا	اَلتَّوْكِيدُ
لَاتُوَفِّرْ	وَفِّرْ	مُوَفِّرٌ	يُوَفِّرُ	وَفَّرَ	زیادہ کرنا	اَلتَّوْفِيرُ
لَاتُحَوِّلْ	حَوِّلْ	مُحَوِّلٌ	يُحَوِّلُ	حَوَّلَ	پھیرنا	اَلتَّحْوِيلُ
لَاتُطَوِّلْ	طَوِّلْ	مُطَوِّلٌ	يُطَوِّلُ	طَوَّلَ	دراز کرنا	اَلتَّطْوِيلُ
لَاتُلَوِّثْ	لَوِّثْ	مُلَوِّثٌ	يُلَوِّثُ	لَوَّثَ	آلودہ کرنا	اَلتَّلْوِيثُ
لَاتُزَيِّنْ	زَيِّنْ	مُزَيِّنٌ	يُزَيِّنُ	زَيَّنَ	زینت دینا	اَلتَّزْيِينُ
لَاتُقَوِّ	قَوِّ	مُقَوٍّ	يُقَوِّى	قَوَّى	قوت دینا	اَلتَّقْوِيَةُ
لَاتُخَلِّ	خَلِّ	مُخَلٍّ	يُخَلِّى	خَلَّى	خالی کرنا	اَلتَّخْلِيَةُ
لَاتُسَلِّ	سَلِّ	مُسَلٍّ	يُسَلِّى	سَلَّى	خوش رکھنا	اَلتَّسْلِيَةُ
لَاتُرَبِّ	رَبِّ	مُرَبٍّ	يُرَبِّى	رَبَّى	پالنا	اَلتَّرْبِيَةُ
لَاتُغَطِّ	غَطِّ	مُغَطٍّ	يُغَطِّى	غَطَّى	ڈھانکنا	اَلتَّغْطِيَةُ
لَاتُسَمِّ	سَمِّ	مُسَمٍّ	يُسَمِّى	سَمَّى	نام رکھنا	اَلتَّسْمِيَةُ
لَاتُسَوِّ	سَوِّ	مُسَوٍّ	يُسَوِّى	سَوَّى	برابر کرنا	اَلتَّسْوِيَةُ
لَاتُزَكِّ	زَكِّ	مُزَكٍّ	يُزَكِّى	زَكَّى	پاک کرنا	اَلتَّزْكِيَةُ
لَاتُصَلِّ	صَلِّ	مُصَلٍّ	يُصَلِّى	صَلَّى	نماز پڑھانا وغیرہ	اَلتَّصْلِيَةُ
لَاتُؤَدِّبْ	اَدِّبْ	مُؤَدِّبٌ	يُؤَدِّبُ	اَدَّبَ	ادب سکھانا	اَلتَّأْدِيبُ
لَاتُؤَذِّنْ	اَذِّنْ	مُؤَذِّنٌ	يُؤَذِّنُ	اَذَّنَ	اذان کہنا	اَلتَّأْذِينُ

نہی	امر	اسم فاعل	مضارع	ماضی	معنی مصدر	مصدر
لَاتُؤَیِّدْ	اَیِّدْ	مُؤَیِّدٌ	یُؤَیِّدُ	اَیَّدَ	قوت دینا	اَلتَّاْیِیْدُ
لَاتُؤَسِّسْ	اَسِّسْ	مُؤَسِّسٌ	یُؤَسِّسُ	اَسَّسَ	بنیاد ڈالنا	اَلتَّاْسِیْسُ
لَاتُؤَلِّفْ	اَلِّفْ	مُؤَلِّفٌ	یُؤَلِّفُ	اَلَّفَ	جمع کرنا	اَلتَّاْلِیْفُ

باب مُفَاعَلَۃ (صحیح)

نہی	امر	اسم فاعل	مضارع	ماضی	معنی مصدر	مصدر
لَاتُحَارِبْ	حَارِبْ	مُحَارِبٌ	یُحَارِبُ	حَارَبَ	جنگ کرنا	اَلمُحَارَبَۃُ
لَاتُطَالِبْ	طَالِبْ	مُطَالِبٌ	یُطَالِبُ	طَالَبَ	مانگنا	اَلمُطَالَبَۃُ
لَاتُعَاقِبْ	عَاقِبْ	مُعَاقِبٌ	یُعَاقِبُ	عَاقَبَ	عذاب کرنا	اَلمُعَاقَبَۃُ
لَاتُبَاعِدْ	بَاعِدْ	مُبَاعِدٌ	یُبَاعِدُ	بَاعَدَ	دور کرنا	اَلمُبَاعَدَۃُ
لَاتُعَاتِبْ	عَاتِبْ	مُعَاتِبٌ	یُعَاتِبُ	عَاتَبَ	عتاب کرنا	اَلمُعَاتَبَۃُ
لَاتُجَالِسْ	جَالِسْ	مُجَالِسٌ	یُجَالِسُ	جَالَسَ	پاس بیٹھنا	اَلمُجَالَسَۃُ
لَاتُخَالِطْ	خَالِطْ	مُخَالِطٌ	یُخَالِطُ	خَالَطَ	آپس میں ملنا	اَلمُخَالَطَۃُ
لَاتُتَابِعْ	تَابِعْ	مُتَابِعٌ	یُتَابِعُ	تَابَعَ	پیچھے چلنا	اَلمُتَابَعَۃُ
لَاتُخَادِعْ	خَادِعْ	مُخَادِعٌ	یُخَادِعُ	خَادَعَ	فریب دینا	اَلمُخَادَعَۃُ
لَاتُمَانِعْ	مَانِعْ	مُمَانِعٌ	یُمَانِعُ	مَانَعَ	روکنا	اَلمُمَانَعَۃُ
لَاتُنَازِعْ	نَازِعْ	مُنَازِعٌ	یُنَازِعُ	نَازَعَ	جھگڑا کرنا	اَلمُنَازَعَۃُ
لَاتُخَالِفْ	خَالِفْ	مُخَالِفٌ	یُخَالِفُ	خَالَفَ	خلاف کرنا	اَلمُخَالَفَۃُ
لَاتُفَارِقْ	فَارِقْ	مُفَارِقٌ	یُفَارِقُ	فَارَقَ	ایک سے علیحدہ ہونا	اَلمُفَارَقَۃُ
لَاتُبَارِکْ	بَارِکْ	مُبَارِکٌ	یُبَارِکُ	بَارَکَ	برکت دینا	اَلمُبَارَکَۃُ
لَاتُشَارِکْ	شَارِکْ	مُشَارِکٌ	یُشَارِکُ	شَارَکَ	باہم شریک ہونا	اَلمُشَارَکَۃُ
لَاتُجَادِلْ	جَادِلْ	مُجَادِلٌ	یُجَادِلُ	جَادَلَ	لڑائی کرنا	اَلمُجَادَلَۃُ

نہی	امر	اسم فاعل	مضارع	ماضی	معنی مصدر	مصدر
لَاتُقَابِلْ	قَابِلْ	مُقَابِلٌ	يُقَابِلُ	قَابَلَ	ایک دوسرے کے سامنے ہونا	اَلْمُقَابَلَةُ
لَاتُقَاتِلْ	قَاتِلْ	مُقَاتِلٌ	يُقَاتِلُ	قَاتَلَ	آپس میں لڑنا	اَلْمُقَاتَلَةُ
لَاتُلَازِمْ	لَازِمْ	مُلَازِمٌ	يُلَازِمُ	لَازَمَ	لازم پکڑنا	اَلْمُلَازَمَةُ
لَاتُشَابِهْ	شَابِهْ	مُشَابِهٌ	يُشَابِهُ	شَابَهَ	ہم شکل ہونا	اَلْمُشَابَهَةُ

باب مُفَاعَلَة (معتل)

نہی	امر	اسم فاعل	مضارع	ماضی	معنی مصدر	مصدر
لَاتُوَاصِلْ	وَاصِلْ	مُوَاصِلٌ	يُوَاصِلُ	وَاصَلَ	آپس میں ملنا	اَلْمُوَاصَلَةُ
لَاتُوَازِنْ	وَازِنْ	مُوَازِنٌ	يُوَازِنُ	وَازَنَ	ایک دوسرے کے برابر ہونا	اَلْمُوَازَنَةُ
لَاتُشَاوِرْ	شَاوِرْ	مُشَاوِرٌ	يُشَاوِرُ	شَاوَرَ	باہم مشورہ کرنا	اَلْمُشَاوَرَةُ
لَاتُعَاوِضْ	عَاوِضْ	مُعَاوِضٌ	يُعَاوِضُ	عَاوَضَ	بدلہ دینا	اَلْمُعَاوَضَةُ
لَاتُدَاوِمْ	دَاوِمْ	مُدَاوِمٌ	يُدَاوِمُ	دَاوَمَ	ہمیشگی کرنا	اَلْمُدَاوَمَةُ
لَاتُنَاوِلْ	نَاوِلْ	مُنَاوِلٌ	يُنَاوِلُ	نَاوَلَ	دینا	اَلْمُنَاوَلَةُ
لَاتُنَاجِ	نَاجِ	مُنَاجٍ	يُنَاجِی	نَاجَی	سرگوشی کرنا	اَلْمُنَاجَاةُ
لَاتُنَادِ	نَادِ	مُنَادٍ	يُنَادِی	نَادَی	آواز دینا	اَلْمُنَادَاةُ
لَاتُلَاقِ	لَاقِ	مُلَاقٍ	يُلَاقِی	لَاقَی	ایک دوسرے سے ملنا	اَلْمُلَاقَاةُ
لَاتُسَاوِ	سَاوِ	مُسَاوٍ	يُسَاوِی	سَاوَی	برابری کرنا	اَلْمُسَاوَاةُ

باب تَفَعُّل (صحیح)

نہی	امر	اسم فاعل	مضارع	ماضی	معنی مصدر	مصدر
لَاتَتَقَبَّلْ	تَقَبَّلْ	مُتَقَبِّلٌ	يَتَقَبَّلُ	تَقَبَّلَ	قبول کرنا	اَلتَّقَبُّلُ
لَاتَتَجَنَّبْ	تَجَنَّبْ	مُتَجَنِّبٌ	يَتَجَنَّبُ	تَجَنَّبَ	ایک طرف ہونا	اَلتَّجَنُّبُ
لَاتَتَقَرَّبْ	تَقَرَّبْ	مُتَقَرِّبٌ	يَتَقَرَّبُ	تَقَرَّبَ	نزدیکی ڈھونڈنا	اَلتَّقَرُّبُ
لَاتَتَلَبَّثْ	تَلَبَّثْ	مُتَلَبِّثٌ	يَتَلَبَّثُ	تَلَبَّثَ	دیر کرنا	اَلتَّلَبُّثُ

نہی	امر	اسم فاعل	مضارع	ماضی	معنی مصدر	مصدر
لَاتَتَرَشَّحْ	تَرَشَّحْ	مُتَرَشِّحٌ	يَتَرَشَّحُ	تَرَشَّحَ	ٹپکنا	اَلتَّرَشُّحُ
لَاتَتَفَسَّخْ	تَفَسَّخْ	مُتَفَسِّخٌ	يَتَفَسَّخُ	تَفَسَّخَ	پھٹنا	اَلتَّفَسُّخُ
لَاتَتَلَطَّخْ	تَلَطَّخْ	مُتَلَطِّخٌ	يَتَلَطَّخُ	تَلَطَّخَ	آلودہ ہونا	اَلتَّلَطُّخُ
لَاتَتَجَرَّدْ	تَجَرَّدْ	مُتَجَرِّدٌ	يَتَجَرَّدُ	تَجَرَّدَ	برہنہ ہونا	اَلتَّجَرُّدُ
لَاتَتَفَرَّدْ	تَفَرَّدْ	مُتَفَرِّدٌ	يَتَفَرَّدُ	تَفَرَّدَ	یکتا ہونا	اَلتَّفَرُّدُ
لَاتَتَحَسَّرْ	تَحَسَّرْ	مُتَحَسِّرٌ	يَتَحَسَّرُ	تَحَسَّرَ	حسرت کھانا	اَلتَّحَسُّرُ
لَاتَتَذَكَّرْ	تَذَكَّرْ	مُتَذَكِّرٌ	يَتَذَكَّرُ	تَذَكَّرَ	یاد کرنا نصیحت قبول کرنا	اَلتَّذَكُّرُ
لَاتَتَطَهَّرْ	تَطَهَّرْ	مُتَطَهِّرٌ	يَتَطَهَّرُ	تَطَهَّرَ	پاک ہونا	اَلتَّطَهُّرُ
لَاتَتَفَكَّرْ	تَفَكَّرْ	مُتَفَكِّرٌ	يَتَفَكَّرُ	تَفَكَّرَ	سوچنا	اَلتَّفَكُّرُ
لَاتَتَقَدَّسْ	تَقَدَّسْ	مُتَقَدِّسٌ	يَتَقَدَّسُ	تَقَدَّسَ	پاک ہونا	اَلتَّقَدُّسُ
لَاتَتَخَلَّصْ	تَخَلَّصْ	مُتَخَلِّصٌ	يَتَخَلَّصُ	تَخَلَّصَ	چھوٹنا	اَلتَّخَلُّصُ
لَاتَتَقَلَّصْ	تَقَلَّصْ	مُتَقَلِّصٌ	يَتَقَلَّصُ	تَقَلَّصَ	سکڑنا	اَلتَّقَلُّصُ
لَاتَتَجَرَّعْ	تَجَرَّعْ	مُتَجَرِّعٌ	يَتَجَرَّعُ	تَجَرَّعَ	گھونٹ گھونٹ پینا	اَلتَّجَرُّعُ
لَاتَتَفَرَّقْ	تَفَرَّقْ	مُتَفَرِّقٌ	يَتَفَرَّقُ	تَفَرَّقَ	جدا جدا ہونا	اَلتَّفَرُّقُ
لَاتَتَعَلَّمْ	تَعَلَّمْ	مُتَعَلِّمٌ	يَتَعَلَّمُ	تَعَلَّمَ	سیکھنا	اَلتَّعَلُّمُ
لَاتَتَقَدَّمْ	تَقَدَّمْ	مُتَقَدِّمٌ	يَتَقَدَّمُ	تَقَدَّمَ	آگے ہونا	اَلتَّقَدُّمُ
لَاتَتَكَلَّمْ	تَكَلَّمْ	مُتَكَلِّمٌ	يَتَكَلَّمُ	تَكَلَّمَ	بات کرنا	اَلتَّكَلُّمُ
لَاتَتَكَلَّفْ	تَكَلَّفْ	مُتَكَلِّفٌ	يَتَكَلَّفُ	تَكَلَّفَ	بناوٹ کرنا	اَلتَّكَلُّفُ
لَاتَتَمَكَّنْ	تَمَكَّنْ	مُتَمَكِّنٌ	يَتَمَكَّنُ	تَمَكَّنَ	جگہ پانا	اَلتَّمَكُّنُ
لَاتَتَحَرَّكْ	تَحَرَّكْ	مُتَحَرِّكٌ	يَتَحَرَّكُ	تَحَرَّكَ	ہلنا	اَلتَّحَرُّكُ

نہی	امر	اسم فاعل	مضارع	ماضی	معنی مصدر	مصدر
لَاتَتَضَرَّع	تَضَرَّع	مُتَضَرِّع	يَتَضَرَّع	تَضَرَّع	زاری کرنا	اَلتَّضَرُّع
لَاتَتَخَلَّق	تَخَلَّق	مُتَخَلِّق	يَتَخَلَّق	تَخَلَّق	عادت پکڑنا	اَلتَّخَلُّق

باب تفعّل (مضاعف و معتل)

نہی	امر	اسم فاعل	مضارع	ماضی	معنی مصدر	مصدر
لَاتَتَحَبَّب	تَحَبَّب	مُتَحَبِّب	يَتَحَبَّب	تَحَبَّب	دوستی کرنا	اَلتَّحَبُّب
لَاتَتَشَتَّت	تَشَتَّت	مُتَشَتِّت	يَتَشَتَّت	تَشَتَّت	تتر بتر ہونا	اَلتَّشَتُّت
لَاتَتَرَدَّد	تَرَدَّد	مُتَرَدِّد	يَتَرَدَّد	تَرَدَّد	آمد و رفت رکھنا	اَلتَّرَدُّد
لَاتَتَكَرَّر	تَكَرَّر	مُتَكَرِّر	يَتَكَرَّر	تَكَرَّر	مکرر ہونا، بار بار ہونا	اَلتَّكَرُّر
لَاتَتَحَقَّق	تَحَقَّق	مُتَحَقِّق	يَتَحَقَّق	تَحَقَّق	درست ہونا	اَلتَّحَقُّق
لَاتَتَوَحَّد	تَوَحَّد	مُتَوَحِّد	يَتَوَحَّد	تَوَحَّد	یکتا ہونا	اَلتَّوَحُّد
لَاتَتَوَسَّط	تَوَسَّط	مُتَوَسِّط	يَتَوَسَّط	تَوَسَّط	درمیان میں آنا	اَلتَّوَسُّط
لَاتَتَوَقَّف	تَوَقَّف	مُتَوَقِّف	يَتَوَقَّف	تَوَقَّف	ٹھہرنا	اَلتَّوَقُّف
لَاتَتَيَقَّن	تَيَقَّن	مُتَيَقِّن	يَتَيَقَّن	تَيَقَّن	یقین کرنا	اَلتَّيَقُّن
لَاتَتَعَوَّذ	تَعَوَّذ	مُتَعَوِّذ	يَتَعَوَّذ	تَعَوَّذ	پناہ مانگنا	اَلتَّعَوُّذ
لَاتَتَحَوَّل	تَحَوَّل	مُتَحَوِّل	يَتَحَوَّل	تَحَوَّل	بدلنا	اَلتَّحَوُّل
لَاتَتَلَوَّث	تَلَوَّث	مُتَلَوِّث	يَتَلَوَّث	تَلَوَّث	آلودہ ہونا	اَلتَّلَوُّث
لَاتَتَعَدَّ	تَعَدَّ	مُتَعَدِّ	يَتَعَدَّى	تَعَدَّى	زیادتی کرنا	اَلتَّعَدِّى
لَاتَتَشَكَّ	تَشَكَّ	مُتَشَكِّ	يَتَشَكَّى	تَشَكَّى	شکایت کرنا	اَلتَّشَكِّى
لَاتَتَخَلَّ	تَخَلَّ	مُتَخَلِّ	يَتَخَلَّى	تَخَلَّى	خالی ہونا	اَلتَّخَلِّى
لَاتَتَحَلَّ	تَحَلَّ	مُتَحَلِّ	يَتَحَلَّى	تَحَلَّى	آراستہ ہونا	اَلتَّحَلِّى
لَاتَتَغَنَّ	تَغَنَّ	مُتَغَنِّ	يَتَغَنَّى	تَغَنَّى	گانا	اَلتَّغَنِّى

نہی	امر	اسم فاعل	مضارع	ماضی	معنی مصدر	مصدر
لَاتَتَمَنَّ	تَمَنَّ	مُتَمَنِّ	يَتَمَنَّى	تَمَنَّى	آرزو کرنا	اَلتَّمَنِّى

باب تفاعل (صحیح)

نہی	امر	اسم فاعل	مضارع	ماضی	معنی مصدر	مصدر
لَاتَتَقَابَل	تَقَابَل	مُتَقَابِلٌ	يَتَقَابَل	تَقَابَل	ایک دوسرے کے سامنے ہونا	اَلتَّقَابُل
لَاتَتَعَاقَب	تَعَاقَب	مُتَعَاقِبٌ	يَتَعَاقَب	تَعَاقَب	ایک دوسرے کے پیچھے ہونا	اَلتَّعَاقُب
لَاتَتَعَاتَب	تَعَاتَب	مُتَعَاتِبٌ	يَتَعَاتَب	تَعَاتَب	ایک دوسرے کو عتاب کرنا	اَلتَّعَاتُب
لَاتَتَبَاعَد	تَبَاعَد	مُتَبَاعِدٌ	يَتَبَاعَد	تَبَاعَد	ایک دوسرے سے دور ہونا	اَلتَّبَاعُد
لَاتَتَحَاسَد	تَحَاسَد	مُتَحَاسِدٌ	يَتَحَاسَد	تَحَاسَد	ایک دوسرے پر حسد کرنا	اَلتَّحَاسُد
لَاتَتَفَاخَر	تَفَاخَر	مُتَفَاخِرٌ	يَتَفَاخَر	تَفَاخَر	آپس میں فخر کرنا	اَلتَّفَاخُر
لَاتَتَبَاغَض	تَبَاغَض	مُتَبَاغِضٌ	يَتَبَاغَض	تَبَاغَض	آپس میں بغض کرنا	اَلتَّبَاغُض
لَاتَتَمَارَض	تَمَارَض	مُتَمَارِضٌ	يَتَمَارَض	تَمَارَض	اپنے کو بیمار بنانا	اَلتَّمَارُض
لَاتَتَسَاقَط	تَسَاقَط	مُتَسَاقِطٌ	يَتَسَاقَط	تَسَاقَط	گرنا	اَلتَّسَاقُط

باب تفاعل (معتل)

نہی	امر	اسم فاعل	مضارع	ماضی	معنی مصدر	مصدر
لَاتَتَوَاتَر	تَوَاتَر	مُتَوَاتِرٌ	يَتَوَاتَر	تَوَاتَر	پے درپے ہونا	اَلتَّوَاتُر
لَاتَتَوَاضَع	تَوَاضَع	مُتَوَاضِعٌ	يَتَوَاضَع	تَوَاضَع	پستی کرنا	اَلتَّوَاضُع
لَاتَتَوَاعَد	تَوَاعَد	مُتَوَاعِدٌ	يَتَوَاعَد	تَوَاعَد	ایک دوسرے سے وعدہ کرنا	اَلتَّوَاعُد
لَاتَتَيَامَن	تَيَامَن	مُتَيَامِنٌ	يَتَيَامَن	تَيَامَن	داہنی طرف سے خروج کرنا	اَلتَّيَامُن
لَاتَتَشَاوَر	تَشَاوَر	مُتَشَاوِرٌ	يَتَشَاوَر	تَشَاوَر	باہم مشورہ کرنا	اَلتَّشَاوُر
لَاتَتَحَاوَر	تَحَاوَر	مُتَحَاوِرٌ	يَتَحَاوَر	تَحَاوَر	باہم باتیں کرنا	اَلتَّحَاوُر
لَاتَتَجَاوَز	تَجَاوَز	مُتَجَاوِزٌ	يَتَجَاوَز	تَجَاوَز	گزرنا	اَلتَّجَاوُز
لَاتَتَلَاقَ	تَلَاقَ	مُتَلَاقٍ	يَتَلَاقَى	تَلَاقَى	ایک دوسرے سے ملنا	اَلتَّلَاقِى

مصدر	معنی مصدر	ماضی	مضارع	اسم فاعل	امر	نہی
التناحی	ایک طرف ہونا	تناحی	یتناحی	متناج	تناح	لاتتناح
التساوی	برابر ہونا	تساوی	یتساوی	متساو	تساو	لاتتساو
التجافی	علیحدہ ہونا	تجافی	یتجافی	متجاف	تجاف	لاتتجاف
التراضی	راضی ہونا	تراضی	یتراضی	متراض	تراض	لاتتراض

باب فعللة (صحیح)

الدحرجة	لڑھکانا	دحرج	یدحرج	مدحرج	دحرج	لاتدحرج
الزعفرة	زعفران میں رنگنا	زعفر	یزعفر	مزعفر	زعفر	لاتزعفر
البعثرة	اٹھانا	بعثر	یبعثر	مبعثر	بعثر	لاتبعثر
العسکرة	لشکر تیار کرنا	عسکر	یعسکر	معسکر	عسکر	لاتعسکر
القنطرة	پل باندھنا	قنطر	یقنطر	مقنطر	قنطر	لاتقنطر
البرقعة	برقعہ اوڑھنا	برقع	یبرقع	مبرقع	برقع	لاتبرقع
الفرقعة	انگلیاں چٹخانا	فرقع	یفرقع	مفرقع	فرقع	لاتفرقع
الزخرفة	آراستہ ہونا	زخرف	یزخرف	مزخرف	زخرف	لاتزخرف
الحملقة	گھورنا	حملق	یحملق	محملق	حملق	لاتحملق

باب تفعلل

التدحرج	لڑھکنا	تدحرج	یتدحرج	متدحرج	تدحرج	لاتتدحرج
التزندق	بد دین ہونا	تزندق	یتزندق	متزندق	تزندق	لاتتزندق
التبختر	مٹک کر چلنا	تبختر	یتبختر	متبختر	تبختر	لاتتبختر

ضمیمہ مصادر ضروریہ

باب نَصَرَ یَنْصُرُ صحیح

اَلنَّقْلُ	بدلنا
اَلْعِبَادَةُ	پوجنا
اَلْخَلْقُ	پیدا کرنا
اَلزَّجْرُ	جھڑکنا، روکنا
اَلنَّبْتُ	اُگنا
اَلْبَذْلُ	دینا، خرچ کرنا
اَلْبَسْطُ	پھیلانا، کشادہ کرنا
اَلْعَرْكُ	ملنا، رگڑنا
اَلنُّفُوْذُ	گزرنا، جاری ہونا
اَلْعُرُوْجُ	چڑھنا
اَلرَّقْبُ	انتظار کرنا، تاکنا امید کرنا
اَلْقُنُوْتُ	فرمانبرداری کرنا
اَلْبُطْلَانُ	بیکار ہونا، باطل ہونا
اَلْعَطْسُ	چھینکنا
اَلْفُسُوْقُ، اَلْفُجُوْرُ	بدکار ہونا
اَلشُّعُوْرُ	جاننا، محسوس کرنا
اَلرَّجْمُ	سنگسار کرنا
اَلْحَشْرُ	جمع کرنا
اَلْحَصَادُ	کھیتی کاٹنا
اَلصُّدُوْرُ	اترنا، واپس ہونا

باب نَصَرَ یَنْصُرُ (مضاعف)

اَلشَّجُّ	زخمی کرنا
اَلْحَطُّ	نیچے اتارنا
اَلدَّعُّ	دفع کرنا
اَلتَّلُّ	نکالنا
اَلشَّقُّ	پھاڑنا مشقت میں ڈالنا
اَلْقَصُّ	کسی کے پیچھے چلنا، قصہ بیان کرنا۔ بال کاٹنا
اَلْهَشُّ	درخت سے پتے جھاڑنا
اَلصَّدُّ	روکنا
اَلْمَسَرَّةُ	خوش کرنا
اَلْحَلُّ	گرہ کھولنا
اَلْمَنُّ	احسان کرنا، قطع کرنا
اَلضَّمُّ	ملانا
اَلذَّمُّ	برائی کرنا
اَلْبَثُّ	پھیلانا
اَلْغَضُّ	آنکھیں نیچی کرنا

باب نَصَرَ یَنْصُرُ (اجوف)

اَلْهَوْنُ	آسان ہونا ہلکا ہونا
اَلدَّوْرُ و اَلدَّوَرَانُ	گھومنا
اَلْخِيَانَةُ	بددیانتی کرنا
اَلْجُوْعُ	بھوکا ہونا
اَلْمَوْرُ	تھرتھرانا موج مارنا

اَللَّوْمُ	ملامت کرنا
اَلدِّيَاسَةُ	پاؤں سے کچلنا
اَلصَّوْنُ	حفاظت کرنا

نصر ینصر (ناقص)

اَلدُّنُوُّ	نزدیک ہونا
اَلْعُلُوُّ	بلند ہونا
اَلْعُتُوُّ	حد سے گزرنا
اَلسَّهْوُ	بھولنا
اَلْمَحْوُ	مٹانا

ضرب یضرب صحیح

اَللَّطْمُ	طمانچہ مارنا
اَلْعَبْسُ	ترشروئی کرنا
اَلْغَمْزُ	اشارہ کرنا
اَلْقَرْصُ	پسو یا مچھر کا کاٹنا
اَلْجَذْبُ	کھینچنا
اَلْعِصْمَةُ	حفاظت کرنا
اَلطَّمْسُ	بدل دینا
اَلسَّفْكُ	خون بہانا
اَلنَّمْرُ	عیب نکالنا
اَلْحَفْدُ	خدمت میں جلدی کرنا
اَلْكَنْزُ	جمع کرنا
اَلرَّبْطُ	ملانا۔ باندھنا
اَلنَّتْفُ	بال اکھیڑنا
اَلنَّدْفُ	روئی دھنکنا
اَلْقَبْضُ	پکڑنا
اَلْفَلْقُ	پھاڑنا

ضرب یضرب مثال

اَلْوُثُوْقُ	بھروسہ کرنا
اَلْوَثْبُ	کودنا
اَلْوُلُوْجُ	داخل ہونا
اَلْوُرُوْدُ	آنا
اَلْوِزْرُ	کمر پر بوجھ اٹھانا

ضرب یضرب اجوف

اَلْبَيْتُوْتَةُ	رات گزارنا
اَلضِّيْقُ	تنگ ہونا
اَلسَّيَلَانُ	جاری ہونا
اَلتَّيْهُ	بھٹکتے پھرنا
اَلصَّيْحَةُ	چیخنا
اَللِّيْنُ	نرم ہونا
اَلْكَيْدُ	برا سوچنا خفیہ تدبیر کرنا
اَلْخَيْبَةُ	نا اُمید ہونا نامراد ہونا
اَلشَّيْدُ	دیوار لیپنا
اَلْمَجِيْءُ	آنا

ضرب یضرب ناقص

اَلسِّقَايَةُ	پلانا
اَلْقَضَاءُ	حکم کرنا، ادا کرنا
اَلْغَيُّ	گمراہ ہونا
اَلْغَوَايَةُ	گمراہ ہونا
اَلرِّوَايَةُ	کسی سے بات نقل کرنا
اَلْجَرْيُ	جاری ہونا

سمع یسمع (صحیح)

اَلْكَرَاهَةُ	ناپسند ہونا

اَللَّزْقُ	چمٹنا	اَلضَّجْعُ	کروٹ سے لیٹنا	اَلنَّهْبُ	لوٹنا، غارت کرنا
اَلشَّبْعُ	سیر ہونا	اَللَّسْعُ	سانپ بچھو کا کاٹنا	**فَتَحَ یَفْتَحُ (معتل)**	
اَلْجَزْعُ	بے صبری کرنا	اَلْبَلْعُ	نگلنا	اَلْوَدَاعُ	چھوڑنا
اَلْفَزْعُ	ڈرنا۔ گھبرانا	اَلْفَضْحُ	بدنام کرنا	اَلطُّغْیَانُ	سرکش ہونا
اَلْقُنُوطُ	ناامید ہونا	اَلْفَجْعُ	مصیبت زدہ کرنا	**باب افتعال (صحیح)**	
سَمِعَ یَسْمَعُ معتل و مضاعف		اَلسَّمْحُ	بخشش کرنا		
		اَلنَّصْحُ	نصیحت کرنا		
اَلْوَجْئُ	چوپائے کا سم گھٹنا	اَلسَّلْخُ	کھال کھینچنا	اَلْاِنْتِبَاهُ	خبردار ہونا
اَلْقُوَّةُ	قوی ہونا	اَلْمَسْخُ	صورت بدلنا	اَلْاِصْطِدَامُ	ٹکرانا
اَلْوَلْعُ	حریص ہونا	اَلنَّسْخُ	لکھنا زائل کرنا	اَلْاِلْتِطَامُ	موج مارنا
اَلنَّیْلُ	پانا	اَلْهُجُوعُ	سونا	اَلْاِقْتِحَامُ	ٹھمنا
اَلْمَسُّ	چھونا	اَلْخُشُوعُ	عاجزی کرنا	اَلْاِجْتِهَادُ	کوشش کرنا
فَتَحَ یَفْتَحُ (صحیح)		اَلْخُضُوعُ		اَلْاِبْتِهَاجُ	خوش ہونا
		اَلصَّهْلُ	گھوڑے کا ہنہنانا	اَلْاِنْتِشَارُ	پھیلنا
اَللَّمْعُ	چمکنا	اَلنَّحْوُلُ	دبلا ہونا	اَلْاِلْتِمَامُ	نمدلینا
اَلنَّبْعُ	ابھرنا	اَلْبَعْثُ	اٹھانا	اَلْاِتِّبَاعُ	پیروی کرنا
اَلْجَدْعُ	ناک کاٹنا	اَلزَّهْقُ	بنا	اَلْاِرْتِکَابُ	گناہ کرنا
اَلْقَرْعُ	کھٹکھٹانا	اَلرَّکْنُ	مائل ہونا	اَلْاِرْتِقَابُ	انتظار کرنا
اَلنَّزْعُ	نکالنا	اَلْجَهْرُ	ظاہر کرنا	اَلْاِعْتِصَامُ	مضبوط پکڑنا

پورا گھیر لینا	اَلْاِسْتِغْرَاقُ	بننا، معدوم ہونا	اَلْاِنْتِفَاءُ	پناہ لینا	اَلْاِلْتِحَادُ
		سینکنا	اَلْاِصْطِلَاءُ	کروٹ سے لیٹنا	اَلْاِضْطِجَاعُ
اِسْتِفْعَال (معتل)		خریدنا	اَلْاِشْتِرَاءُ	ملنا	اَلْاِرْتِبَاطُ
روشن ہونا	اَلْاِسْتِنَارَۃُ	فدیہ دینا	اَلْاِفْتِدَاءُ	آگے بڑھنا	اَلْاِسْتِبَاقُ
مشورہ لینا	اَلْاِسْتِشَارَۃُ	تکیہ لگانا	اَلْاِتِّكَاءُ	اقرار کرنا	اَلْاِعْتِرَافُ
مہمان ہونا	اَلْاِسْتِضَافَۃُ	بہتان باندھنا	اَلْاِفْتِرَاءُ	چلو پھرنا	اَلْاِغْتِرَافُ
مدد چاہنا	اَلْاِسْتِعَانَۃُ	پھل چننا	اَلْاِجْتِنَاءُ	جھگڑنا	اَلْاِرْتِدَاعُ
مذاق اڑانا	اَلْاِسْتِهْزَاءُ	حیلہ کرنا	اَلْاِحْتِیَالُ	نئی بات نکالنا	اَلْاِبْتِدَاعُ
بلند ہونا	اَلْاِسْتِعْلَاءُ	گزرنا	اَلْاِجْتِیَازُ	آزمانا	اَلْاِمْتِحَانُ
جاگنا	اَلْاِسْتِیْقَاظُ	جوا کھیلنا	اَلْاِقْتِسَارُ	غنیمت ہونا	اَلْاِغْتِنَامُ
کام شروع سے کرنا	اَلْاِسْتِئْنَافُ	حکم ماننا	اَلْاِئْتِمَارُ	**اِفْتِعَال (مضاعف)**	
جڑ سے اکھیڑنا	اَلْاِسْتِئْصَالُ	باہم مشورہ			
غالب ہونا	اَلْاِسْتِحْوَاذُ	**اِسْتِفْعَال (صحیح)**		صف باندھنا	اَلْاِصْطِفَافُ
اِسْتِفْعَال (مضاعف)		کسی کام سے شرم کرنا	اَلْاِسْتِكَانُ	بیقرار ہونا	اَلْاِضْطِرَارُ
ہمیشہ ہونا	اَلْاِسْتِمْرَارُ			اکھیڑنا	اَلْاِجْتِثَاثُ
قرار پکڑنا	اَلْاِسْتِقْرَارُ	درستی چاہنا	اَلْاِسْتِصْوَابُ	سنت پر چلنا	اَلْاِسْتِنَانُ
اِفْعَال (صحیح)		مضبوط پکڑنا	اَلْاِسْتِمْسَاكُ	احسان مند ہونا	اَلْاِمْتِنَانُ
		مدد چاہنا	اَلْاِسْتِفْتَاحُ	**اِفْتِعَال (معتل)**	
بدل جانا، پھر جانا	اَلْاِنْحِرَافُ	لکھنا	اَلْاِسْتِنْسَاخُ	آزمانا	اَلْاِبْتِلَاءُ

اَلْاِنْهِشَامُ	چور چور ہونا	اَلْاِطْرَاقُ	سر نیچے جھکانا	اَلْاِقْسَاطُ	انصاف کرنا
اَلْاِنْهِزَامُ	بھاگنا، شکست کھانا	اَلْاِغْمَادُ	تلوار میان میں کرنا	اَلْاِكْرَاهُ	زبردستی کرنا
اَلْاِنْفِشَاحُ	کھلنا۔صاف ہونا	اَلْاِحْصَارُ	روکنا	اَلْاِعْجَازُ	عاجز کرنا
اَلْاِنْبِسَاطُ	خوش ہونا	اَلْاِنْشَادُ	شعر پڑھنا	اَلْاِعْتَابُ	خوش کرنا
اَلْاِنْفِصَامُ	منقطع ہونا	اَلْاِدْرَاكُ	پانا، معلوم کرنا	اَلْاِنْقَاذُ	نجات دینا
اَلْاِنْفِطَامُ	بچہ کا دودھ چھڑانا	اَلْاِزْلَاقُ	پھسلنا	اَلْاِغْرَاقُ	غرق کرنا
اَلْاِنْفِجَارُ	بہنا۔جاری ہونا	اَلْاِلْحَاقُ	بلانا	اَلْاِنْعَامُ	نعمت دینا
اَلْاِنْقِبَاضُ	رکنا	اَلْاِلْصَاقُ		**اِفْعَال (مثال)**	
اَلْاِنْفِرَادُ	اکیلا ہونا	اَلْاِحْدَاثُ	پیدا کرنا	اَلْاِيْثَارُ	اپنے اوپر دوسرے
اَلْاِنْحِدَارُ	نیچے اترنا		بے وضو ہونا		کو ترجیح دینا
اِنْفِعَال (مضاعف و معتل)		اَلْاِبْرَامُ	مضبوط کرنا	اَلْاِيْقَانُ	یقین کرنا
اَلْاِنْسِلَالُ	جلدی سے نکلنا	اَلْاِتْبَاعُ	پیچھا کرنا	اَلْاِيْذَانُ	اجازت دینا
اَلْاِنْقِضَاضُ	دیوار گرنا	اَلْاِدْبَارُ	پشت پھیرنا	اَلْاِيْلَافُ	الفت کرنا
اَلْاِنْجِلَاءُ	کھلنا، روشن ہونا	اَلْاِقْبَالُ	سامنے رخ کرنا	اَلْاِيْجَازُ	مختصر کرنا
اَلْاِنْقِضَاءُ	پورا ہونا، گزر جانا	اَلْاِفْرَاغُ	ڈالنا	اَلْاِيْرَادُ	لانا۔وارد کرنا
اِفْعَال (صحیح)		اَلْاِلْهَامُ	دل میں بات ڈالنا	اَلْاِيْلَاجُ	داخل کرنا
اَلْاِعْلَامُ	آگاہ کرنا	اَلْاِرْضَاعُ	بچہ کو دودھ پلانا	اَلْاِيْمَانُ	ایمان لانا
اَلْاِنْظَارُ	مہلت دینا	اَلْاِفْلَاحُ	فلاح پانا	اَلْاِيْحَاءُ	وحی کرنا
اَلْاِمْسَاكُ	روکنا	اَلْاِفْحَامُ	لاجواب کرنا	اَلْاِيْقَاعُ	واقع کرنا

اَلْاِیْصَاءُ	وصیت کرنا
اَلْاِیْمَاءُ	اشارہ کرنا

اِفْعَالٌ اجوف

اَلْاِیْوَاءُ	پناہ دینا
اَلْاِنَارَةُ	روشن کرنا
اَلْاِضَافَةُ	مہمانی کرنا، نسبت کرنا
اَلْاِدَارَةُ	پھرانا اہتمام کرنا
اَلْاِعَادَةُ	لوٹانا
اَلْاِشَاعَةُ	پھیلانا، شائع کرنا
اَلْاِضَاعَةُ	ضائع کرنا
اَلْاِضَاءَةُ	روشن کرنا
اَلْاِسَاءَةُ	برائی کرنا
اَلْاِهَانَةُ	ذلیل کرنا
اَلْاِزَالَةُ	زائل کرنا
اَلْاِعَاذَةُ	پناہ مانگنا
اَلْاِثَابَةُ	ثواب دینا
اَلْاِحَاطَةُ	گھیرنا
اَلْاِذَاقَةُ	چکھانا
اَلْاِنَابَةُ	رجوع کرنا

اِفْعَالٌ ناقص و مهموز

اَلْاِدْلَاءُ	ڈول لٹکانا
اَلْاِلْهَاءُ	غافل کرنا، لہو میں ڈالنا
اَلْاِنْبَاءُ	خبر دینا
اَلْاِمْسَاءُ	شام کرنا
اَلْاِبْرَاءُ	تندرست کرنا
اَلْاِفْتَاءُ	فتویٰ دینا
اَلْاِحْصَاءُ	شمار کرنا
اَلْاِدْرَاءُ	جتانا
اَلْاِسْرَاءُ	رات کو چلنا
اَلْاِقْرَاءُ	پڑھانا
اَلْاِغْمَاءُ	بیہوش ہونا
اَلْاِهْدَاءُ	ہدیہ دینا
اَلْاِبْدَاءُ	ظاہر کرنا
اَلْاِرَاءَةُ	دکھانا
اَلْاِغْوَاءُ	گمراہ کرنا
اَلْاِلْقَاءُ	ڈالنا
اَلْاِمْضَاءُ	گزارنا۔ دستخط
اَلْاِخْزَاءُ	رسوا کرنا

اِفْعَالٌ مضاعف

اَلْاِقْلَاقُ	رنجیدہ کرنا
اَلْاِعْدَادُ	تیار کرنا
اَلْاِكْنَانُ	چھپانا
اَلْاِحْسَاسُ	معلوم کرنا
اَلْاِظْلَالُ	سایہ دینا
اَلْاِذْلَالُ	ذلیل کرنا
اَلْاِعْزَازُ	عزت دینا
اَلْاِكْبَابُ	اوندھے منہ گرانا

باب تفعیل صحیح

اَلتَّبْكِيرُ	سویرے کام کرنا
اَلتَّكْبِيرُ	بزرگی بیان کرنا
اَلتَّمْزِيقُ	کوٹنا
اَلتَّسْهِيلُ	آسان کرنا
اَلتَّعْسِيرُ	دشوار کرنا
اَلتَّبْشِيرُ	خوشخبری دینا

اَلتَّحْدِیْثُ	بیان کرنا
اَلتَّنْفِیْرُ	نفرت دلانا
اَلتَّبْلِیْغُ	پہنچانا
اَلتَّسْبِیْحُ	پاکی بیان کرنا
اَلتَّحْمِیْدُ	حمد بیان کرنا
اَلتَّثْبِیْتُ	ثابت رکھنا
اَلتَّنْشِیْطُ	خوش کرنا
اَلتَّلْیِیْنُ	نرم کرنا
اَلتَّعْبِیْرُ	مطلب بیان کرنا
اَلتَّبْذِیْرُ	فضول خرچی کرنا
اَلتَّعْطِیْرُ	معطر کرنا
اَلتَّنْزِیْهُ	پاک کرنا
اَلتَّحْرِیْفُ	بدلنا
اَلتَّکْفِیْرُ	کافر بنانا، کفارہ دینا
اَلتَّحْرِیْصُ	رغبت دلانا
اَلتَّحْرِیْضُ	ابھارنا
اَلتَّطْلِیْقُ	طلاق دینا
اَلتَّمْرِیْنُ	مشق کرنا
اَلتَّحْکِیْمُ	حکم بنانا

اَلتَّکْرِیْهُ	مکروہ سمجھنا
اَلتَّصْلِیْبُ	سولی دینا
اَلتَّلْبِیْسُ	شبہ میں ڈالنا
اَلتَّنْعِیْمُ	نعمت دینا

باب تفعیل (مضاعف)

اَلتَّکْرِیْرُ	دُہرانا
اَلتَّقْرِیْرُ	ثابت کرنا
اَلتَّحْضِیْضُ	اُبھارنا
اَلتَّخْصِیْصُ	خاص کرنا
اَلتَّهْدِیْدُ	دھمکانا
اَلتَّحْدِیْدُ	حد مقرر کرنا
اَلتَّرْدِیْدُ	رد کرنا
اَلتَّهْلِیْلُ	لا الہ الا اللہ کہنا
اَلتَّعْمِیْمُ	عام کرنا / عمامہ باندھنا
اَلتَّحْرِیْرُ	لکھنا۔ آزاد کرنا
اَلتَّأْسِیْسُ	بُنیاد رکھنا
اَلتَّحْبِیْبُ	دوست رکھنا

اَلتَّصْحِیْحُ	درست کرنا

تفعیل معتل و مہموز

اَلتَّیْسِیْرُ	آسان کرنا
اَلتَّوْدِیْعُ	چھوڑنا / رخصت کرنا
اَلتَّنْوِیْرُ	روشن کرنا
اَلتَّنْوِیْمُ	سُلانا
اَلتَّسْوِیْمُ	نشان کرنا
اَلتَّشْوِیْقُ	شوق دلانا
اَلتَّصْوِیْبُ	درست کرنا
اَلتَّکْوِیْرُ	لپیٹنا
اَلتَّشْیِیْدُ	دیوار لیپنا
اَلتَّهْنِئَةُ	مبارکباد دینا
اَلتَّعْزِیَةُ	ماتم پرسی کرنا / تسلی دینا
اَلتَّصْفِیَةُ	صاف کرنا
اَلتَّحْلِیَةُ	زیور پہنانا / آراستہ کرنا

باب مفاعلة صحيح

اَلْمُخَاصَمَةُ	جھگڑا کرنا
اَلْمُسَامَحَةُ	آسان کرنا درگزر کرنا
اَلْمُكَابَدَةُ	مصیبت جھیلنا
اَلْمُجَامَعَةُ	جماع کرنا
اَلْمُنَاقَشَةُ	باہم جھگڑا کرنا
اَلْمُحَاصَرَةُ	چہار طرف سے گھیرنا
اَلْمُلَامَسَةُ	چھونا۔ جماع کرنا
اَلْمُسَابَقَةُ	ایک دوسرے سے آگے بڑھنا
اَلْمُضَاعَفَةُ	دوچند یا زیادہ کرنا
اَلْمُوَاخَذَةُ	گرفت کرنا
اَلْمُجَاهَدَةُ	جہاد کرنا کوشش کرنا

باب مفاعلة (معتل)

اَلْمُشَايَعَةُ	کسی کے پیچھے چلنا
اَلْمُبَايَعَةُ	بیعت کرنا
اَلْمُبَالَاةُ	پروا کرنا
اَلْمُوَارَاةُ	چھپانا
اَلْمُرَاءَاةُ	دکھاوے کا کام
اَلْمُكَافَاةُ	بدلہ دینا

باب تفعّل صحيح

اَلتَّسَحُّرُ	سحری کھانا
اَلتَّزَوُّجُ	نکاح کرنا
اَلتَّقَلُّبُ	بدلنا
اَلتَّكَفُّلُ	کفیل ہونا
اَلتَّخَلُّفُ	خلاف ہونا
اَلتَّبَرُّكُ	بابرکت ہونا برکت حاصل کرنا
اَلتَّرَبُّصُ	انتظار کرنا
اَلتَّشَبُّثُ	چنگل مارنا
اَلتَّفَقُّهُ	سمجھ ہونا (دین کی)
اَلتَّصَلُّبُ	سخت ہونا

باب تفعّل (معتل و مهموز)

اَلتَّوَلِّي	دوست رکھنا
اَلتَّدَنِّي	بہت قریب ہونا
اَلتَّرَجِّي	امید رکھنا
اَلتَّعَلِّي	بڑائی مارنا
اَلتَّجَلِّي	روشن ہونا
اَلتَّغَذِّي	غذا کھانا
اَلتَّلَقِّي	حاصل کرنا
اَلتَّصَدِّي	درپے ہونا
اَلتَّزَكِّي	پاک ہونا
اَلتَّلَهِّي	لہو میں پڑنا غافل ہونا
اَلتَّعَشِّي	رات کو کھانا
اَلتَّغَدِّي	دن کو کھانا
اَلتَّوَفِّي	پورا لینا
اَلتَّوَضُّؤُ	وضو کرنا
اَلتَّأَبُّطُ	بغل میں لانا
اَلتَّأَوُّهُ	آہ کرنا

عربی	اردو
اَلتَّبَوُّأُ	جگہ پانا
اَلتَّأَثُّرُ	اثر قبول کرنا
اَلتَّأَمُّلُ	سوچنا، غور کرنا
اَلتَّأَدُّبُ	باادب ہونا
اَلتَّوَكُّلُ	بھروسہ کرنا
اَلتَّنَوُّعُ	قسم قسم ہونا
اَلتَّغَوُّطُ	پاخانہ کرنا
اَلتَّبَيُّنُ	ظاہر ہونا
اَلتَّيَمُّنُ	برکت حاصل کرنا
اَلتَّطَوُّعُ	فرض سے زیادہ کام کرنا
اَلتَّهَيُّأُ	تیار ہونا

باب تفاعل صحیح

عربی	اردو
اَلتَّكَاسُلُ	سست ہونا
اَلتَّنَافُرُ	باہم نفرت کرنا

عربی	اردو
اَلتَّعَارُفُ	باہم شناسائی کرنا
اَلتَّسَامُحُ	درگزر کرنا، سستی کرنا
اَلتَّشَاجُرُ	باہم جھگڑا کرنا
اَلتَّحَادُثُ	باہم باتیں کرنا
اَلتَّقَاطُرُ	ٹپکنا
اَلتَّشَابُهُ	باہم ہمشکل کرنا
اَلتَّخَافُةُ	آہستہ بات کرنا
اَلتَّقَارُبُ	نزدیک ہونا
اَلتَّكَاثُرُ	زیادتی پر فخر کرنا
اَلتَّنَاسُبُ	باہم مناسب ہونا
اَلتَّنَاسُلُ	نسل چلنا

باب تفاعل معتل

عربی	اردو
اَلتَّوَارِی	پوشیدہ ہونا
اَلتَّوَاصِی	باہم نصیحت کرنا
اَلتَّمَارِی	شک کرنا
اَلتَّدَاوِی	دوا کرنا

عربی	اردو
اَلتَّوَانِی	پے در پے ہونا
اَلتَّعَالِی	بلند و برتر ہونا
اَلتَّنَاهِی	آپس میں ایک دوسرے کو روکنا

فَعْلَلَ يُفَعْلِلُ (مضاعف)

عربی	اردو
اَلزَّلْزَلَةُ	ہلانا
اَلدَّمْدَمَةُ	ہلاک کرنا
اَلزَّعْزَعَةُ	ہلانا
اَلْعَسْعَسَةُ	تاریکی لانا
اَلتَّلْسَلَةُ	جاری ہونا
اَلْقَلْقَلَةُ	آواز کرنا، ہلانا
اَلْغَرْغَرَةُ	منہ بھر کے کلی کرنا
اَلْحَصْحَصَةُ	ظاہر ہونا
اَلْمَضْمَضَةُ	کلی کرنا

لغات جدیدہ

متعلق لباس

وہ کپڑے جو بدن کے ساتھ لگے رہتے ہیں	مَجَاسِدٌ	کرتہ	قَمِیصٌ	ٹوپی۔	کُوفِیَّةٌ
وہ کپڑے جو کام کے وقت پہنے ہیں	مَبَاذِلٌ	گریبان	جَیْبٌ	ٹوپی	قَلَنْسُوَةٌ
میلے کپڑے جو دھونے کو چاہئے	حَوَائِجٌ	بٹن	زِرٌّ	ٹوپی زیر عمامہ	طَاقِیَّةٌ
		مھک	صَنَارَةٌ		
		کاج	عُرْوَةٌ	ایک دھجی جو ٹوپی	لِثَةٌ
		کالر	بَاقَةٌ	کے اوپر لپیٹی جاتی	
ماتمی کپڑے	جِدَادٌ	کوٹ	مُسْتَرَةٌ	ترکی ٹوپی	طَرْبُوشٌ
اوڑھنی	مِقْنَعَةٌ	اوورکوٹ	سَاکُو	چھندنا	طُرَّةٌ
اک پٹی چادر	رَبْطَةٌ	باران کوٹ	مِمْطَرٌ	موباف	جُدَّادٌ
چادر	رِدَاءٌ	آستین	کُمٌّ	چگڑی	عِمَامَةٌ
کمبل	کِسَاءٌ	دامن	ذَیْلٌ	نگائی	رِبْطَةُ رَقَبَةٍ
کمبل	حِرَامٌ	پاجامہ	سِرْوَالٌ	گلوبند	مِصْبَاغٌ
کمبلی	حِلْسٌ	جانگیا	تُبَّانٌ	صدری	صُدَیْرَةٌ
دلائی	رِتَاقٌ	ازاربند	تِکَّةٌ	صدری	صُدْرَةٌ
جوتہ	مَرْکُوبٌ۔ نَعْلٌ	تہ بند	{ اِزَارٌ	نیم آستین صدری	زَبُونٌ
بوٹ	جَزْمَةٌ		{ مِئْزَرٌ	شلوکا۔ بنڈی	قَرْطِیجٌ
پمپ شوز	اَلْعَزْمَةُ الْاِشْکُوفَةُ	پنکا	مِنْطَقَةٌ	انگیا	سُبَیْجٌ

استری	مِكْوَاة	یکمہ	مِعَدَّة	سلیپر	بَابُوج مَدَاسَة
انگٹھنا	بِرْوَاز		وَسَادَة	پایتابہ	جُرْمُوق
قینچی	مِقَصّ	پیوند	رُقْعَة	کھڑاؤں	قَبْقَاب
سوئی کانا کا	سَمّ	پیوند	قَزَاع	گیٹس	رِبْطَةُ الشَّاق
دھاگے کی گولی	كُبَّة	دبتی	شِرْطَة	تمہ	شَرِیْطَة
دھاگے کی ریل	بُكْرَةُ الخَيْطَان		خِرْقَة	تولیہ	مِنْشَف

اجزائے مکان

مُنیاد	أَسَاس	جھاڑنے کا کپڑا	شَرْطُوْطَة	رومال	مِنْدِیْل
پکی اینٹ	أَجَرَّة	بانات	جُوْخ	دستی رومال	مَحْرَمَة
کچی اینٹ	لَبِنَة	جائے نماز	سَجَّادَة	عینک	نَظَّارَة
اینٹ	طَوْبَة	بکچہ	صَوَان	دری	زُوْلِيَة

سینے پرونے کا سامان

دروازہ	بَاب	سوئی	إِبْرَة	شطرنجی	حَبْل
چھاپک بڑا اور داہ	بَوَّابَة	سووا	مِسَلَّة	سوزنی	مِضْرَبَة
بڑا چھاپک جس میں آمدورفت کی کھڑکی ہوتی ہے	رِتَاج	سوئی دانی	مِبْرَة	أبرہ	ظِهَارَة
		تاگا	خَيْط	أستر	بِطَانَة
دہلیز	عَتَبَة	سینے کی مشین	آلَة خَيَاطَة	توشک	حَشِيَّة
دیوار	حَائِط	پیوند لگانا	تَرْقِيْع	بالاپوش	شَرْشَف
منزل یعنی درجہ	طَبَقَة	بیل بوٹے نکالنا	تَطْرِيْز	پلنگ کی چادر	
گول کمرہ	مَحَلُّ الاِسْتِقْبَال	ٹانکنا	تَشْرِيْح	گاؤتکیہ	مَسْنَد
				چھتری	شَمْسِيَّة مَظَلَّة

میز پوش	غِطَاءُ الطَّاوِلَةِ	کنگرہ	شُرْفَةٌ	کھانے کا کمرہ	أَوْضَةُ الأَكْلِ
خوان پوش	غِطَاءُ الْمَائِدَةِ	چینی	دَفَرٌ	سونے کا کمرہ	أَوْضَةُ النَّوْمِ
مسہری	كِلَّةٌ	ستون	عَمُودٌ	پڑھنے کا کمرہ	أَوْضَةُ الْقِرَاءَةِ
مچھردانی	نَامُوسِيَّةٌ	صحن	سَاحَةٌ	دفتر	مَكْتَبٌ
تالا	قُفْلٌ / غَالٌ	راستہ۔گذرگاہ	مَمَرٌّ	الماری	رَفَرَفٌ
		چہ بچہ (نالی)	بَالُوعَةٌ	ہال کمرہ	الْبَهُوُّ
چابی، کنجی	مِفْتَاحٌ	برآمدہ	صَالُونٌ / صُفَّةٌ	ڈرائنگ روم	
رسی	حَبْلٌ			کھڑکی	شُبَّاكٌ
ڈول	دَلْوٌ	گوشہ	زَاوِيَةٌ	بالا خانہ	غُرْفَةٌ
بڑا ڈول	غَرْبٌ	ودھ جڑ باغ جو گھر کے سامنے ہوتا ہے	جُنَيْنَةٌ	غسل خانہ	مُغْتَسَلٌ
بسکٹ وغیرہ بنانے کا تنور	فُرْنٌ	فوارہ دار حوض	فِسْقِيَّةٌ	پاخانہ	مُسْتَرَاحٌ / بَيْتُ الْخَلَاءِ
بڑا تنور	طَابُونَةٌ	زینہ	سُلَّمٌ	روشندان	مَنْفَذٌ
تنور گرم کرنا	حُقُّ التَّنُّورِ	لفٹ	مِرْقَاةٌ ۔ مِصْعَدٌ	گنبد	قُبَّةٌ
دھواں کش	مَدْخَنَةٌ	**ضروریات مکان**		منڈیر	فَصِيلٌ
دیاسلائی کی تیلیاں	شَحَّاطَاتٌ	اسباب	بِنَاءَةٌ	چھت	سَقْفٌ
دیا سلائی	عُلْبَةُ شَحَّاطَاتٍ	میز	طَاوِلَةٌ	پرنالہ	مِيزَابٌ
جھاڑو	مِكْنَسَةٌ	میز کی دراز	دَرَجٌ	چھجا	كَنَّةٌ
تیلی چٹائی	شَنَّةٌ	آرام کرسی	كُوَّةٌ	کڑی	جِذْعٌ

کپڑا رکھنے کی	شِلْمَحِیَّۃ	مٹی کا تیل	زَیْتُ الْغَاز	چٹائی	حَصِیرٌ			
خانہ دار الماری		تیل کا پیالہ	مَدْ هَنٌ	بد انو کرہ	صَابُوْرِیَّۃ			
لاکھ	اَلشَّمْعُ الْاَحْمَر	لیمپ لالٹین	زُجَاجٌ	پٹارہ، ٹوکری	سَلَّۃ			
ترازو	مِیْزَانٌ	چراغ	سِرَاجٌ	پنجرہ	قَفَصٌ			
پلہ ترازو کا	كَفَّۃ	چراغدان	مَنَارَۃ	اکال دان	مَبْصَقَۃ			
ترازو کی چُوٹی	عُذْبَۃُ الْمِیْزَان	ڈیٹ	مَشْرَبَۃ	صابن دانی	مَصْبَنَۃ			
باٹ	صَنْجَۃ	گل	ثُرَاطَۃ	موسل	مُدَقٌّ			
صافی	طِرْشَوْنٌ	گل لینا	تَقْرِیْطٌ	ایزن	سِتَاجٌ			
کھریا	طَبَّارٌ	چراغ میں تیل ڈالنا	شَكَبُ الدُّهْن	چرخہ	دُوْلَابُ الْغَزْلِ			
بوتل	غُمْرُشَۃ	حقہ	غَلْیُوْنٌ	اوٹی (روئی دھننے کی)	مِحْلَاجٌ			
عرق یا تیل نکالنے	قِمَعٌ	پلم	رَأْسُ الْبُوْرِیّ	تکلا	مِغْزَلٌ			
کا محول قیف			جَرَّۃُ الشِّیْشَۃ	چار پائی	تَعَّادَۃ			
کاگ	فِلِّیْنٌ	اگنی	مِعْلَاقٌ	پلنگ	شَبَرِیَّۃ			
ڈاٹ	سِدَادٌ	کنجارہ۔ کھلی	تَحْبِیْرٌ	ڈھانچ پلنگ کا	گَرْدِیَّۃ			
زنبیل۔ تالا	مِحْصَنٌ	پیشاب کا برتن	مِبْوَلَۃ	او کھلی	مِهْرَاسٌ			
دور بین	مِرْقَبٌ	جھولا	اُرْجُوْحَۃ	چلمن	مِسَتَارَۃ			
موم جامہ	مُشَمَّعٌ	ٹوٹی۔ نل	حَنَفِیَّۃ	مرتبان	بَسْتُوْقَۃ			
شیشہ کا گھڑا	مُقَمْقَمَۃ	الماری	دَفْرَنٌ	پھائی کی اُجرت	بُرْكَۃ			
مورچھل	مِنَشَّۃ	دیوار گیر الماری	دُكَّۃ	چمڑی بیگ	جَعْبَۃ			

مِذَبٌّ	چونری
جَوَالِقٌ	بورا تھیلہ
مُوبِلِیَّةٌ	فرنیچر۔سامان، آرائش

گھڑی

عربی	اردو
اَلسَّاعَةُ	گھڑی
سِلْسِلَةُ السَّاعَةِ	گھڑی کی زنجیر
سَاعَاتِیٌّ	گھڑی ساز
سَاعَةُ الجَیْبِ	جیبی گھڑی
اَلسَّاعَةُ الکَبِیرَةُ	گھنٹ۔کلاک
اَلسَّاعَةُ الغُرْبِیَّةُ	ٹاور
اَلسَّاعَةُ المُنْتَهِیَةُ	الارم گھڑی
عَقْرَبٌ	سوئی
تَقَدُّمُ السَّاعَةِ	گھڑی کا آگے ہونا
تَأَخُّرُ السَّاعَةِ	گھڑی کا پیچھے ہونا
وُقُوفُ السَّاعَةِ	گھڑی کا ختم جانا
اِسْتِقَامَةٌ	گھڑی کا ٹھیک چلنا
سَیْرُ السَّاعَةِ	
اِنْحِرَافُ سَیْرِ السَّاعَةِ	گھڑی کی چال میں فرق پڑ جانا
مَلْءُ السَّاعَةِ	گھڑی کو چابی دینا
تَدْوِیرُ السَّاعَةِ	
تَکْتَکَةُ السَّاعَةِ	گھڑی کا ٹک ٹک کرنا
ظَرْفُ السَّاعَةِ	گھڑی کا کیس
ثَانِیَةٌ	سکنڈ
دَقِیقَةٌ	منٹ

کھانے کی چیزیں

عربی	اردو
خُبْزٌ جَافٌّ	سوکھی روٹی
خُبْزٌ قَفَارٌ	روکھی روٹی
خُبْزٌ بَائِتٌ	باسی روٹی
خُبْزٌ صَابِحٌ	تازہ روٹی
خُبْزٌ طَرِیٌّ	تازہ روٹی
خُبْزٌ بَلَدِیٌّ	دیسی روٹی
خُبْزٌ فُرْنِیٌّ	تنوری روٹی
خُبْزٌ بَیْتِیٌّ	توے کی روٹی
خُبْزٌ فَطِیرٌ	پتیری روٹی بغیر خمیر کے
عَیْشٌ أَفْرَنْجِیٌّ	ڈبل روٹی
رُقَاقٌ	چپاتی
رَغِیفٌ	چھلکا
رُقَاقَةٌ	مانڈا
أُرْزٌ	چاول
أُرْزٌ مُفَلْفَلٌ	نمکین پلاؤ
أُرْزٌ مُسَکَّرٌ	میٹھا پلاؤ
أُرْزٌ مَسْلُوقٌ	ابلے ہوئے چاول
أُرْزٌ مُحَمَّصٌ	نخود کا پلاؤ
أُرْزٌ مُزَعْفَرٌ	زردہ پلاؤ
لَحْمٌ	گوشت
لَحْمٌ مَشْوِیٌّ	بھنا گوشت
لَحْمٌ مَخْرُوطٌ	قیمہ
خَلٌّ	سرکہ
قَشْطَةٌ	ملائی
مُجَدَّرَةٌ	کھچڑی

اچار لیموں	مُخَلَّلُ لَیمونَ	سموسہ	فَطِیْرَۃٌ	اُبلا ہوا انڈا	بَیضٌ مَسلُوقٌ
دال ماش	عَدَسٌ ہِندِیٌّ	تلچھٹ	دُرْدِیٌّ، عَکَرٌ	گھی	سَمْنٌ
سر میں لگانے کا تیل	زَیتُ حَقٍّ / اَلرَّأسِ	مربا	مُلَبَّسٌ	پنیر	جُبْنٌ
		حلوا	خَبِیصٌ	دودھ	لَبَنٌ
پسلی کا ٹکڑا	کُشْتَلُدَنَّۃٌ	اُچھوانی	خُرْسَۃٌ	دودھ (اُبلا ہوا)	حَلِیبٌ
حُقہ	نَارْجِیْلَۃٌ	پرہیزی کھانا	مُزَوَّرَۃٌ	شہد	عَسَلٌ
چونا	نَوْرَۃٌ	ریوڑی	تَبِیطَۃٌ	پانی	مَاءٌ
کتھا	کَاتٌ	چھاچھ	مَخِیضٌ	گرم پانی	حَمِیمٌ
سپاری	فَوْفَلٌ	چچ	فَوّارَۃُ الاُرُزِّ	انڈے کی زردی	صِفَارُ البَیضِ
لونگ	قَرَنْفُلٌ	دہی	رَوْبٌ	بُھنا ہوا انڈا	بَیضٌ مَقْلِیٌّ
ہلدی	هُرْدٌ	ستو	سَوِیقٌ	شکر	سُکَّرٌ
الائچی	هِیلٌ	شیر برنج ـ کھیر	لَبَنِیَّۃٌ	آٹا	دَقِیقٌ طَحِینٌ
چھپڑن	مُسَافَۃٌ	برف	جَلِیدٌ	گوندھا ہوا آٹا	عَجِینٌ
کٹن	قُرَاضَۃٌ	ملائی کا برف	اَلْبَوْزُ	کیک ـ روٹی	
چھٹن	نِقَایَۃٌ	سبز چائے	شَائٌ اَخْضَرُ	کی ٹکیہ	جَرْدَقٌ
بھوسی	نُخَالَۃٌ	آم کا اچار	اَثَارُ اَنْبَۃٍ	پان	تَنْبُولٌ
جھاڑن	نُثَارَۃٌ	مٹھائی	حَلَاوَۃٌ	سبزی کا اچار	سَلَاطَۃٌ
پلیتھن	ثَوَائَۃٌ	دال نخود، چنا	حُمَّصٌ	سویاں	شَعِیرِیَّۃٌ
کوڑا کرکٹ	کُنَاسَۃٌ	جلبی	مُشَبَّكٌ	روٹی کا ٹکڑا	کِسْرَۃٌ

غُسَالَة	دھوون	اِجّاص	آلوبخارا	نَبْق	بیر
		أنْبَج	آم	خَوخْ. دَرَاق	آڑو
		مَانَجو		تُوتْ. فِرْصَاد	شہتوت
تَمْع. حِنْطَة	گیہوں	غِلاَفُ الثَّمَر	پھلی	فُسْتَق	پستہ
حِمَّص	چنا	عَذْب	پھنگل	نَارْجِیل	ناریل
حِمَّص مُدَشَّش	دلا ہوا چنا	لِحَاء	بکل ۔ چھال	كَوز	بادام
شَعِیر	جو	دَغَل	جھاڑ	قِثَّاءُ البَرِّ	پھوٹ
دُرَّة	جوار ۔ مکئی	جَدَح	کچرا	شَمَّام	
دُحْن	چینا کنگنی	عِرْنَاس	بھٹا	بِطّیخْ اَخْضَر	تربوز
ذُوَان	موٹھ	دَوَّارُ الشَّمْس	سورج مکھی	حَبْحَب	
جَاوَرْس	باجرا	ذَوَاتُ الذَّوَائِب	برگد	رُطَبْ	تر کھجور
خَرْدَل	رائی	تَصِیح	پکا	بَلَح	گدری کھجور
مَاش. كُشْرَى	مونگ	فِجّ	کچا	تِین	انجیر
عَدَس	مسور	تُفَّاح	سیب	جُمَّیْز	گولر
سِمْسِم	تل	بِطِّیخ	خربوزہ	سَفَرْجَل	بہی
دُرْجُع	ارہر	رُمَّان	انار	زَبِیب	منقٰی
كَرَسَنَة	مٹر	عِنَب	انگور	كَثْنُرَى	امرود
دُلْعُل	ہولا، یعنی چنے	بُرْتُقَال	سنترہ	قِثَّاء	ککڑی
كَرَگَن	کا بُھنا ہوا خوشہ	بُرْتُقَان		جَوز	اخروٹ

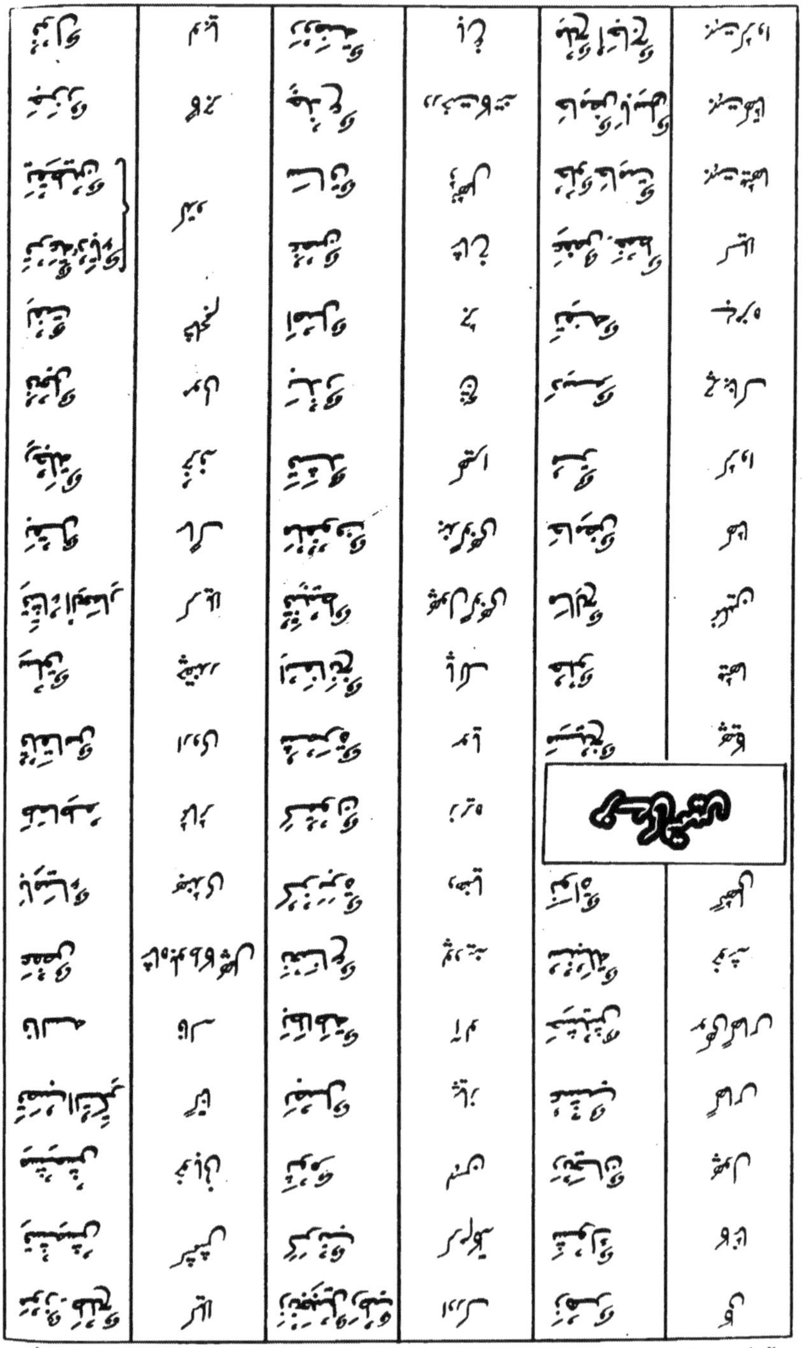

کلی	زَهْرٌ	ادرک	زَنْجَبِیلٌ رَطْبٌ	کیلا	مَوْزٌ طَلْعٌ
کانٹا	شَوْكٌ	کرم کلّہ	کَرَنْبٌ	کشمش	قِشْمِشٌ
پھول	رَیْحَانٌ	لہسن	ثَوْمٌ	خوبانی	مِشْمِشٌ
گھاس	عُشْبٌ	پیاز	بَصَلٌ	گنّا	قَصَبُ السُّکَّرِ
سوکھی گھاس	حَشِیْشٌ	آلو	بَطَاطَةٌ	فالسہ	فَالِسہ
خوشہ	سُنْبُلَةٌ	پودینہ	نَعْنَاعٌ	شاہ بلوط کا پھل	عَفْصٌ
گٹھلی	نَوَاةٌ	دھنیا	کُزْبَرَةٌ	بھنڈی	بَامِیَاءٌ
مزے کی تعبیریں		زیرہ	کَمُّوْنٌ	ٹماٹر	طَمَاطِمٌ
پھیکا	مَسِیْخٌ	سویا	شُمَرَةٌ	اروی	قُلْقَاسٌ
میٹھا	حُلْوٌ	پالک	اِسْفَانَخٌ	چقندر	سِلْقٌ
نمکین	مَالِحٌ	پھول گوبھی	قُنَّبِیْطٌ	کریلا	قِثَّاءُ الْحِمَارِ
کھٹّا	حَامِضٌ	بند گوبھی	مَلْفُوفٌ	ساگ	بَقْلٌ
کڑوا	مُرٌّ	کھیرا	قِثَّدٌ	خُرفہ	رِجْلَةٌ
چرپراہٹ	کَسِیرٌ	بیج	بَذْرٌ	مولی	فُجْلٌ
بے مزہ	تَفِہٌ	جڑ	أَصْلٌ	شلجم	لِفْتٌ
کسیلا	عَفِصٌ . خَمِطٌ	شاخ	غُصْنٌ	کدو	قَرْعَةٌ دُبَّاءٌ
بہت میٹھا	حُلْوٌ حَامِتٌ	ٹہنی	سَاقٌ		یَقْطِیْنٌ
بہت کھٹّا	حَامِضٌ بَاسِلٌ	درخت کا تنہ	جِذْعٌ	گاجر	جَزَرٌ
بہت کڑوا	مِلْحٌ أُجَاجٌ	باغ	رَوْضَةٌ	لوبیا	فُوْلٌ

چھنی	غِرْبَالٌ مِنْخَلٌ	سماوار	اِبْرِيقُ الشَّاء	تیز مزہ	جِرْزِيفٌ
لوٹا	مِطْهَرَةٌ	شکردانی	شُكَرِيَّةٌ	بہت ہی تیز مزا	جِرْزِيفٌ حَادٌ
	اِبْرِيقٌ	پیالہ	كَأْسٌ	خالص میٹھا	عَذْبٌ نُقَاحٌ
گھڑا	جَرَّةٌ	چھوٹی پیالی	سَوْمَلَةٌ	**پکانے کھانے کا سامان**	
مسافر کی جھولی	جِرَابٌ	کا آب خورہ	شَرْبَةٌ	ہانڈی	قِدْرٌ
فقیر کی جھولی	شَلَّقٌ			دیگچی	غَلَايَةٌ
چھری	سِكِّينٌ	بڑا پیالہ۔ بادیہ	قَصْعَةٌ	کافی کی کیتلی	دِكْوَةٌ
چلمچی	طَسْتٌ	گلاس	كُبَايَةٌ	پتیلی	دِكْفَتٌ
چمچاح	مِنْشَجٌ	چھننا	مِصْفَاةٌ	پانی گرم کرنے	بُوطَقَةٌ
رکابی	جَاطٌ	پھکنی	مِنْفَخٌ	کی کیتلی	
ڈوئی	مِغْرَفَةٌ	چائے کی پیالی	فِنْجَانٌ	ڈھکنا	غِطَاءٌ
چکی	طَاحُونٌ	پرچ	صَحْنُ الْفِنْجَان	چولھا	كَانُونٌ
پن چکی	طَاحُونُ الْمَاء	پیپہ	بِرْمِيلٌ	لگن	مِعْجَنٌ
کوئلہ	فَحْمٌ	سینی	صِينِيٌّ	تغاری	مِرْكَنٌ
آگ	نَارٌ	مٹکا	ثُلَّةٌ	توا	طَابَقٌ
لکڑی	حَطَبٌ	نمکدان	مَمْلَحَةٌ	دست پناہ	مِلْقَطٌ
رچھپی	وَقْشٌ۔ ضَرَمٌ	مصالحدان	مَبْهَرَةٌ	کڑچھا	طَنْجَرَةٌ
اجزائے جسم انسانی		رئی	تَشَّاتَهْ	کڑاہی	مِقْلًى
کھوپڑی	جُمْجُمَةٌ	بیلن	شَوْبَكٌ	چائے دانی	نَبْزَادَةٌ

رَأْسٌ	سر	وَجْهٌ	چہرہ	رِيْقٌ	رال
شَعْرٌ	بال	خَدٌّ	رُخسار	صِمَاخٌ	کان کا سوراخ
ضَفِيْرَةٌ	مینڈھی	وَجْنَةٌ	رخسار کی ہڈی	عُنُقٌ	گردن
مُخٌّ	مغز۔ بھیجا	حَنَكٌ	تالو	جِيْدٌ	گردن
طُرَّةٌ	وہ بال جو پیشانی	سِنٌّ	دانت	رَقَبَةٌ	گردن
	کو چھپائیں	ضِرْسٌ	ڈاڑھ	قَفَا	گدی
وَفْرَةٌ	وہ بال جو کان	نَوَاجِذُ	کچلیاں۔ آخر	شَحْمَةٌ	کان کی لو
	کی لو تک ہوں		کی ڈاڑھیں	ثَدْيٌ	عورت کے پستان
لِمَّةٌ	وہ بال جو کندھوں	لِسَانٌ	زبان	ثُنْدُؤَةٌ	مرد کے پستان
	تک ہوں	شَفَةٌ	ہونٹ	جَنْبٌ	پہلو
حَاجِبٌ	ابرو۔ بھوں	شِدْقٌ	باچھ	صَدْرٌ	سینہ
نَاصِيَةٌ	پیشانی	قَلْبٌ	دِل	بَطْنٌ	پیٹ
جَبْهَةٌ	پیشانی	كَبِدٌ	جگر	كَشْحٌ	کوکھ
عَيْنٌ	آنکھ	تَرْقُوَةٌ	ہنسلی	اِبْطٌ	بغل
جَفْنٌ هُدْبٌ	پلک۔ پپوٹہ	اُذُنٌ	کان	عَضُدٌ	بازو
مَأْقٌ۔ مُؤْقٌ	آنکھ کا کونا	فَمٌ	منہ	رُسْغٌ	پہونچا
عِرْنِيْنٌ	ناک کی ہڈی		سامنے، اوپر	كَتِفٌ	کندھا
اَنْفٌ	ناک	ثَنَايَا	نیچے کے	فَرِيْصَةٌ	وہ گوشت جو پستان کے اوپر کندھے کے
مَنْخِرٌ	نتھنا		دو دو دانت		بیچ میں ہوتا ہے

عربی	اردو	عربی	اردو	خواص جسم انسانی	
لِحْیَة	ڈارھی	عُصْعُص	ڈھڈی	نَفَس	سانس
عَنْفَقَة	ریشچہ	مَقْعَد	حاجت کی راہ	كَلَام	گفتگو
شَارِب	موچھ	ذَكَر	مرد کی پیشاب گاہ	اَنِين	آہستہ رونا
مِرْفَق	کہنی	فَرْج	عورت کی پیشاب گاہ	صُرَاخ	چلانا
سَاعِد	کلائی	مَثَانَة	پیڑو	صَوْت	آواز
رَاحَة	ہتھیلی	عَانَة	پیڑو	نُطْق	گویائی
يَد	ہاتھ	فَخِذ	ران	نَوْم	نیند
اِصْبَع	انگلی	رُكْبَة	گھٹنا	نُعَاس	غنودگی، اونگھ
اِبْهَام	انگوٹھا	دَاغِصَة	گھٹنے کی چپنی	غَطِیط	خراٹے
سَبَّابَة	انگشت شہادت	سَاق	پنڈلی	شَخِير	خراٹے
وُسْطیٰ	بیچ کی انگلی	كَعْب	ٹخنہ	حُلْم	خواب
بِنْصَر	چھنگلی کے پاس کی انگلی	عَقِب	ایڑی	سِمَن	موٹاپن
خِنْصَر	چھنگلی	عُرْقُوب	بالائے پاشنہ	هُزَال	دُبلاپن
اَنْمُلَة بَنَان	پوروے	اَخْمَص	پاؤں کا تلوہ	سَهَر	بیداری
رِئَة سُحْر	پھیپھڑا	رِجْل	پاؤں	لَوْن	رنگ
طِحَال	تلی	عَظْم	ہڈی	نَحَافَة	کمزوری
كُلْیَة	گردہ	جِلْد	کھال	هَیْئَة	صورت
ظَهْر	پشت	دَم	خون	غَضَن	جھری
وَرِك عَجُز	سرین	نَخَاع	گودا		

؎ انسان کی ایڑی کے اوپر کا پیٹھا (ناشر)

كَلَفٌ	جھائیں	دَنَسٌ	میل	اَقْطَعُ	ٹنڈا
فُوَاقٌ	ہچکی	حَكَّةٌ	خارش	اَخْفَشُ	چُندھا
تَهَوُّعٌ	اُبکائی	نُفْطَةٌ	آبلہ	اَلْكَنُ	ہکلا
مُطَوَاءٌ	انگڑائی	عُقْبُوْلٌ	چھالہ	اَخْرَسُ اَبْكَمُ	گونگا
تَمَطِّيٌ	انگڑائی لینا	حُمْرَةٌ	سرخ بادہ	اَحْدَبُ	کبڑا
ثَأْبٌ	جمائی	نُخَاعَةٌ	کھنکھار	اَجَمُّ	منڈا
تَثَاؤُبٌ	جمائی لینا	خَدَرُ الرِّجْلِ	پاؤں کا سوجانا	اَقْرَعُ	گنجا
دَمْعٌ	آنسو	اِنْطِبَاقُ الْاَهْدَابِ	پلک لگنا	اَحْوَلُ	بھینگا
عَرَقٌ	پسینہ	قُطُوْبٌ	تیوری چڑھانا	اَوْقَصُ	کوتاہ گردن
بَوْلٌ	پیشاب	**اہل عیوب**		اَعْسَرُ	کھبا
بَرَازٌ غَائِطٌ	پاخانہ	اُنَافِيٌّ	بڑی ناک والا	اَخْرَبُ	کن پھٹا
بُزَاقٌ	تھوک	شُفَاهِيٌّ	بڑے ہونٹ والا	زَمِنٌ	لُنجا
بُزَاقُ التَّنْبُوْلِ	پیک	اَفْلَحُ	ہونٹ کٹا	بَطِيْنٌ	توندل
بُلَاعَةٌ	اُگال	نُغَاشٌ	بونا۔ کوتاہ قد	خَرْقَاءُ	پھوہڑ بے سلیقہ عورت
عَطْسَةٌ	چھینک	اَصَمُّ	بہرا	بَذُوْرٌ	چھچھورا
رَمَصٌ	چیپڑ	صَمَّاءُ	بہری	مُخَنَّثٌ	ہیجڑا
بَهَقٌ	چھینپ	اَدْرَدُ	پوپلا	عَجْفٌ	دُبلا
جُشَاءٌ	ڈکار	دَرْدَاءُ	پوپلی	جَبَانٌ۔ عِنِّيْنٌ	نامرد
ثُؤْلُوْلٌ	مسّہ	اَلْثَغُ	توتلا	هَجِيْنٌ	دوغلا

خردہ فروش	بَائِعٌ بِالْمُفَرَّقِ	ڈھلیا	طَبَّالٌ	بھگوڑا	اَبَّاقٌ
جلد ساز	مُجَلِّدٌ	رفوگر	رَفَّاءٌ	متوڑا	بَوَّالٌ
وکیل	وَکِیْلُ دَعَاوِیْ	سپیرا	حَوَّاءٌ	بہت بھولنے والا	مِغْلَاطٌ
استاد	مُعَلِّمٌ	کاغذی	وَرَّاقٌ	**اَللَّحِقَہ**	
لکچرار۔واعظ	خَطِیْبٌ	کبابی	مَکَبٌ	اچکا	مُغْتَلِسٌ
کتب فروش	بَائِعٌ کُتُبٌ کُتُبِیٌّ	گھیارہ	عَلَّافٌ	گھڑ کٹا	طَرَّارٌ
دلال	سِمْسَارٌ	ہاتھی والا	فَیَّالٌ	ڈاکو	نَاهِبٌ
کاٹھی فروش	سُرُوْجِیْ	آڑھتی	عَمِیْلٌ	برف والا	ثَلَّاجٌ
پارچہ فروش	بَزَّازٌ	حکیم	طَبِیْبٌ	بھنگ فروش	حَشَّاشٌ
پارچہ فروش	قَمَّاشٌ	ڈاکٹر	دُکْتُوْرٌ	نان فروش	عَیَّاشٌ
مٹھائی والا	حَلْوَانِیْ	سوداگر	تَاجِرٌ	(عیش۔روٹی)	
درزی	خَیَّاطٌ	عطار	صَیْدَلِیٌّ	پنیر فروش	جَبَّانٌ
دھوبی	قَصَّارٌ	عطار	أَجْزَائِیْ	چڑی مار	صَیَّادُ الطُّیُوْرِ
مٹھائی بنانیوالا	مُعَجْنَانِیْ	دندان ساز	حَکِیْمُ اَسْنَان	چکی بنانے والا	مُرَحِّیٌ
گھڑی ساز	سَاعَاتِیْ	منشی	کَاتِبٌ	چمرنگ	دَبَّاغٌ
مزدور	أَجِیْرٌ۔فَاعِلٌ	تاریخ لکھنے والا	مُؤَرِّخٌ	چھپی	وَشَّاءٌ
ذبح کرنے والا	ذَبَّاحٌ	بیرسٹر،وکیل	مُحَامٍ	خرادی	خَرَّاطٌ
نانبائی	فَرَّانٌ	ایڈیٹر	مُدِیْرُ جَرِیْدَۃ	ڈھال بنانے والا	تَرَّاسٌ
		تھوک فروش	بَائِعٌ بِالْجُمْلَۃِ	بھاشیا	تُرْجُمَانٌ

Arabic	معنی	Arabic	معنی	Arabic	معنی
بَتَّالْ	کنجڑا اسے	حَطَّابْ	ایندهن فروش	حَائِكْ	جلاها
نَبَّاشْ	کفن چور	بُسْتانی	باغبان	نَتَّاجْ	جلاها
خَفَّافْ	موزے بنانے والا	ناطُورْ	باغبان	نَدَّافْ	دُهنیا
سَقَّاءْ	بہشتی ؏	بَوَّابْ	دربان	حَلَّاجْ	دُهنیا
طَحَّانْ	غلہ پیسنے والا	مَسَّاحْ	پالش کرنیوالا	قَطَّانْ	روئی فروش
جَلَّادْ	دُرّہ مارنے والا	مَسَّاحْ / أَحْذِیَة	بوٹ پالش کرنے والا	حَلَّاقْ	نائی ـ حجام
حَاضِنَة	کھلائی، دایہ			مُزَیِّنْ	نائی ـ حجام
قَابِلَة	دایہ	عَرَبَجِی	کوچبان	طَبَّاعْ	پرنٹر چھاپنے والا
مُرْضِعَة	دودھ پلانے والی	نَزَّاحْ	مہتر ـ بھنگی	نَجَّارْ	بڑھئی
صَبَّاغْ	رنگریز	خَصَّافْ	جوتا بنانے والا	حَدَّادْ	لوہار
نَقَّاشْ	کسیرا۔ٹھیرا	صَیَّادْ	شکاری	تَنْکَجِی	مین ساز
غَسَّالْ	مردہ نہلانے والا	بَنَّاءْ	راج ـ معمار	سَتَّانْ	گنجی والا
خَطَّاطْ	خوشنویس	مُهَنْدِسْ	انجینئر	زَیَّاتْ	تیل بیچنے والا
بَزَّازْ	بنساری	غَوَّاصْ	غوطہ زن	عَصَّارْ	تیل نکالنے والا
مَشَّاطَة	نائن ـ دلہن کو سنوارنے والی	سَتَّاحْ	تیراک	مُشَعْبِذْ	بازی گر
		مَلَّاحْ	ملاح	سَارِقْ	چور
کَنَّاسْ	جھاڑو لگانے والا	حَفَّارْ	گورکن	صَائِغْ	سنار
زَرَّاعْ	بونے والا	صاحِبْ فُنْدُق	ہوٹل والا	اِسْکَافْ	موچی
حَرَّاثْ	کسان	سائِسْ	سائیس	فَقَّامْ	کولہو فروش

؏ سبزی فروش ؏ مشکی پانی بھرنے والا

Urdu	عربی	Urdu	عربی	Urdu	عربی
بادشاہ	سُلْطَان	بندر نچانے والا	قَرّاد	کاشتکار	فَلّاح
بادشاہ	مَلِك	تولنے والا	وَزّان	چرواہا	رَاعٍ
آلات الحرفہ		صابون فروش	صَبّان	دودھ والا	لَبّان
	مِغْرَاض	گچ بنانیوالا	جَصّاص	کھجور والا	تَمّار
قینچی	مَقَصّ	سبزی فروش	خُضَرِيّ	سنگ تراش	حَجّار
أسترہ	مُوسَى	ریلوے گارڈ	كُمَّسَارِي	ناپنے والا	كَيّال
پھاوڑہ	مِسْحَاة	جادوگر	سَاحِر	سینگی لگانے والا	حَجّام
درانتی	مِنْجَل	پہلوان	مُصَارِع	بھٹ بھونجا	مُحْتَمِص
آرہ	مِنْشَار	چوکیدار	خَرّاص حَارِس	قلی	حَمّال
بسولہ	قَدُّوم	جیلخانہ کا داروغہ	سَجّان	صراف	صَرّاف
کلہاڑی	فَأْس	کوتوال	عَسَسّ	آنکھ کا علاج کرنے والا	كَحّال
ہتھوڑی	مِطْرَقَة	قفل ساز	غَلّاقِي		
گھن	فِطّيس	قلعی ساز	مُبَيّض	شراب فروش	خَمّار
بڑا ہتھوڑا	مِزْبَة	کمہار	خَزّاف	گانے والا	مُغَنّي
رانپی	شُفْرَة	مچھلی فروش	سَمّاك	گردن مارنے والا	سَيّاف
سوہان	مِبْرَد	نقشہ نویس	رَسّام	میوہ فروش	فَاكِهَانِي
سان	مِسْحَد	ناچنے والا	رَقّاص	اونٹ والا	جَمّال
کولہو	مِعْصَرَة	سپاہی	عَسْكَرِيّ	کنواں صاف کرنیوالا	بَيّار
پھالی	سِكّة	وزیر	وَزِير	بھیک مانگنے والا	شَحّاذَة

لہ دانے بھوننے والا ۔ سے اَلْعَسَسُ کی جمع ہے اور عَاسِن رات کے پہرے دار کو کہتے ہیں۔

بُنْدُقِیَّةٌ	بندوق، رائفل	مِحْجَمَةٌ	سینگی	هل	فَدَّانٌ
بُنْدُقٌ	بندوق، رائفل	مِحْفَرٌ	کسی۔کدال	آ کڑا	عَفْقَاءُ
رَصَاصٌ	گولی	مِحْرَاثٌ	کھودنی	آنکس	مِقْمَحَةٌ
بُنْدُقَةٌ	گولی	مِسْحُورٌ	کلہاڑا	برما	مِثْقَبٌ
مُسَدَّسٌ	پستول	سَاطُورٌ	گوشت کاٹنے کا آلہ	رندہ	مِسْفَنٌ
قُنْبُلَةٌ	گولہ	قَذَّافَةٌ	گوپھن، گوپھیا	پچ کس	بَرِّيمَةٌ
مِدْفَعٌ	توپ	مِیْطَدٌ	موگری	انگشتانہ	بِرْوَازٌ
سَوْطٌ	کوڑا	مِضَقَّةٌ	مہرا	بیلچہ	مِجْرَفَةٌ
حَشْوُ الْبُنْدُقِیَّةِ	بندوق بھرنا	مِیْتَدٌ	میخ کوب	پچ اریکیل	حَلَزُونِیٌّ
مُحْتَسَبٌ		عَجَلَةٌ	رہٹ	بیلن	مَحْوَرٌ مُرَبَّعٌ
اللُّبْنُدُقِیَّةُ	بندوق کا کندہ	رِقٌّ	مشک	پَڑا	مِرْحَاضٌ
رَشَاشَةٌ		حَرَمْدَانٌ	نائی کی کرببت	نشتر	مِشْرَطٌ
رَمْيُ الرَّصَاصِ	مشین گن			چرخی روئی کی	مِحْلَاجٌ

طَلْقَةٌ	بندوق کا فائر	رُمْحٌ	نیزہ	چھکڑا	عَرَّادَةٌ
حَرَّاقَةٌ	تارپیڈو کشتی	سِنَانٌ	بھالا	سوہان	مِسْحَلٌ
الْعَتَبَةُ الْعَسْكَرِیَّةُ	فوجی سلام	سَهْمٌ	تیر	ستالی	مِخْصَفٌ
		قَوْسٌ	کمان	معماری کا سوت	مِسْطَرٌ
مَذْرَسَةٌ		سَیْفٌ	تلوار	پچکاری	مِضَخَّةٌ
مَكْتَبٌ	اسکول	جُنَّةٌ	ڈھال	دُھنے کی کمان	بَرْشِیمَةٌ

مَدْرَسَةٌ جَامِعَةٌ	یونیورسٹی	دَبُّوسٌ	پن	مُجَلَّدٌ	جلد شدہ کتاب
مَدْرَسَةٌ اَمِيْرِيَّةٌ	گورنمنٹ سکول	خَرِيْطَةٌ	اٹلس۔نقشہ	قِرْطَاسٌ	کاغذ
مَدْرَسَةٌ حَرْبِيَّةٌ	جنگی مدرسہ	جُمْلَةٌ	فقرہ	كَفٌّ	کوڑی
مَدْرَسَةٌ اَهْلِيَّةٌ	قومی مدرسہ	لَوْحٌ خَشَبِيٌّ	تختہ۔تختی	مَسْكَةُ رِيْشَةٍ	ہولڈر
مَدْرَسَةٌ خَيْرِيَّةٌ	خیراتی مدرسہ	مِحْفَظَةٌ	بستہ۔جزدان	قَلَمُ الْحَجَرِ	سلیٹ کی قلم
دَاخِلِيٌّ	اقامتی	مَاعُوْنُ رِزْمَةٍ	رم	قِصَاصٌ	سزا
نَاظِرُ الْمَدَارِسِ	انسپکٹر مدارس	رِيْشَةٌ	نب	نَشَّافٌ	جاذب
مُدِيْرُ الْمَدَارِسِ	ڈائرکٹر	قَلَمُ الرَّصَاصِ	پنسل	مَكْتُوْبٌ	خط لکھا ہوا
مُدِيْرُ الْمَدْرَسَةِ	مہتمم مدرسہ	مِرْسَمٌ	پنسل	صَفْحَةٌ	صفحہ
نَاظِرُ الْمَدْرَسَةِ	پرنسپل	طَبَاشِيْرُ	کھریا۔چاک	وَجْهٌ	صفحہ
طَبَقَةٌ	ڈیسک	مِبْرَاةٌ	قلم تراش	دَفْتَرُ جَيْبٍ	پاکٹ بک
مَقْعَدٌ	بینچ	عُوَيْسِيَةٌ	قلم تراش	عَمُوْدٌ	اخبار کا کالم
اِسْكَمْلَةٌ	اسٹول	لَوْحُ حَجَرٍ	سلیٹ	اِمْضَاءٌ	دستخط
جَارُوْرٌ	دراز	حِبْرٌ	سیاہی	عُنْوَانٌ	پتہ
مَضْبَطَةٌ	رجسٹر	مِقْشَطَةٌ	ربڑ	خَتْمٌ	مہر
قَامُوْسٌ	ڈکشنری،لغت	مُغَلَّفٌ	لفافہ	شَمْعٌ اَحْمَرُ	لاکھ
جُزْءٌ	حصہ	دَفْتَرٌ	کاپی	اُمْثُوْلَةٌ	سبق
لَائِحَةٌ	ٹائم ٹیبل	كِتَابُ قِرَاءَةٍ	درسی کتاب	اَيَّامُ فُسْحَةٍ	تعطیل کے
طَلْحِيَةٌ	تختہ۔ورق	قَائِمَةُ كُتُبٍ	فہرست کتب	اَيَّامُ بِطَالَةٍ	دن

وَقْتُ اللَّعِبِ	کھیل کا وقت	عَمٌّ	چچا	حَمَاةٌ	ساس
جَائِزَةٌ	انعام	عَمَّةٌ	پھوپھی	زَوْجَةُ الْأَبِ	سوتیلی ماں
رُخْصَةٌ	چھٹی	خَالٌ	ماموں	عَرِيْسٌ	دلہا
اِذْنٌ	اجازت	خَالَةٌ	خالہ	عَرُوْسٌ	دلہن
تَسْمِيْعٌ	نظم خوانی	جَدَّةٌ	دادی	زَوْجٌ	خاوند
دَوَّارَةٌ	پرکار	جَدٌّ	دادا	زَوْجَةٌ	بیوی
مِقَطٌّ	قطزن	جَدٌّ فَاسِدٌ	نانا	شَيْخٌ	بوڑھا
جَدَاوِلُ الدَّرْسِ	نصابِ تعلیم	جَدَّةٌ فَاسِدَةٌ	نانی	وَلَدٌ	لڑکا
جَرِيْدَةٌ	اخبار	وَالِدَيْنِ	ماں باپ	صَبِيٌّ	بچہ۔لڑکا
تَذْكِرَةٌ	نوٹ	اَبَوَيْنِ	ماں باپ	صَبِيَّةٌ	بچی۔لڑکی
اَلْجَوَازُ فِي	امتحان میں	اَسْلَافٌ	باپ دادا	رَجُلٌ	مرد
الْاِمْتِحَانِ	پاس ہونا	اِبْنُ اَخٍ	بھتیجا	اِمْرَأَةٌ	عورت
اَلسُّقُوْطُ	امتحان میں	اِبْنُ اُخْتٍ	بھانجہ	خُنْثٰى	ہیجڑا
فِي الْاِمْتِحَانِ	فیل ہونا	بِنْتُ اَخٍ	بھتیجی	اَيِّمٌ	رانڈ
رشتے ناتے		بِنْتُ اُخْتٍ	بھانجی	عَزَبٌ	مجرد[1]
اَبٌ	باپ	اِبْنُ عَمٍّ	چچا کا بیٹا	عَوَانٌ	سہاگن
اُمٌّ	ماں	اِبْنُ خَالٍ	ماموں کا بیٹا	مُتَزَوِّجٌ	بیاہا ہوا
اَخٌ	بھائی	سِبْطٌ	نواسہ	بِكْرٌ	کنوارا
اُخْتٌ	بہن	صِهْرٌ	داماد	بِكْرَةٌ عَذْرَاءُ	کنواری

[1] غیر شادی شدہ

أَمَةٌ۔جَارِيَةٌ	لونڈی	ضَأْنٌ	بھیڑ	جَدْيٌ	بکری کا بچہ
خِطْبَةٌ	منگنی	كَبْشٌ	مینڈھا	حَمَلٌ	بھیڑ کا بچہ
اِنْسَةٌ	مس۔ناکتخدا	بَغْلٌ	خچر	عِجْلٌ	بچھڑا
زِوَاجٌ	نکاح	جَمَلٌ	اونٹ	مُهْرٌ	بچھیرا
رَضِيْعٌ	دودھ شریکا	بَعِيْرٌ۔اِبِلٌ	اونٹ	جَحْشٌ	گدھے کا بچہ
تَوْأَمٌ	جڑواں	نَاقَةٌ	اونٹنی	حُوَارٌ	اونٹ کا بچہ
عَائِلَةٌ	کنبہ۔خاندان	هَجِيْنٌ	اونٹنی		کتے کا پلا، بھیڑ
عَرَّابٌ	مذہبی باپ	حِصَانٌ۔فَرَسٌ	گھوڑا	جِرْوٌ	اور ریچھ کے بچے
مُتَبَنّٰی	مذہبی بیٹا	فَرَسَةٌ	گھوڑی		کو بھی جرو کہتے ہیں
حَافِدٌ	پوتا	حِمَارٌ	گدھا	قَلْهَزَمٌ	ٹٹو
حَافِدَةٌ	پوتی	أَتَانٌ	گدھی	دَرُوْرَةٌ	دودھیل یعنی بہت دودھ دینے والی
شَقِيْقٌ	سگا بھائی	حِمَارَةٌ	گدھی	مُنْفِضٌ	کڑک مرغی
عَلَّاتِيٌّ	باپ شریکا بھائی	فِيْلٌ	ہاتھی	مَاعِزَةٌ	بکری
اَخْيَافِيٌّ	ماں شریکا بھائی	زَرَافَةٌ	شتر گاؤ	جَمَّازَةٌ	سانڈنی
رَبِيْبٌ	سوتیلا بیٹا	بَقَرٌ وَحْشِيٌّ	نیل گائے	سَائِبَةٌ	سانڈ
پالتو جانور		قِطٌّ	بلا	**جنگلی جانور**	
ثَوْرٌ	بیل	قِطَّةٌ	بلی	أَسَدٌ	شیر
بَقَرَةٌ	گائے	هِرَّةٌ	بلی	لَبْوَةٌ	شیرنی
جَامُوْسٌ	بھینس	فَارَةٌ	چوہا	ذِئْبٌ	بھیڑیا

سونڈ	خُرْطُوْمٌ	گینڈا	کَرْکَدَّنٌ مِرْمِیْسٌ	تیندوا	نَمِرٌ
تھوتنی	بُوْزٌ	گینڈا	وَحِیْدُ الْقَرْنِ	چیتا	فَهْدٌ
تھوتنی	خَطْمٌ	سوسمار۔گوہ	ضَبٌّ	سور	خِنْزِیْرٌ
اون۔پشم	جِزَّۃٌ	کِرکٹ	حِرْبَاءُ	ریچھ	دُبٌّ
بال	عُرْفٌ	کینگرو	کَنْجُوْرُو	بَجُّو	ضَبُعٌ
سُم	حَافِرٌ	لنگور	بَابُوْنٌ	ہرن	ظَبْیٌ
پنجہ	یَدُ حَیَوَانٍ	شیر کا بچہ	شِبْلٌ	ہرن	غَزَالٌ
پنجہ	قَائِمَۃُ حَیَوَانٍ	ہاتھی کا بچہ	دَغْفَلٌ	ہرنی	ظَبْیَۃٌ غَزَالَۃٌ
لِید	رَوْثٌ	بھیڑیے کا بچہ	سِمْعٌ	خرگوش	أَرْنَبٌ
گوبر	خِثْیٌ	چوہے کا بچہ	دِرْصٌ	بارہ سینگا	اَیَّلٌ
مرکھنا	نَاطِحٌ	ہرن کا بچہ	خِشْفٌ	لومڑی	ثَعْلَبٌ
باگ ڈور	مِقْوَدٌ	**متعلقات**		گیدڑ	اِبْنُ اٰوَی
جگالی	جِرَّۃٌ	گلا	طِرْشٌ	گیدڑ	سُرْحُوْبٌ
	پرندے	ریوڑ	قَطِیْعٌ	بندر	قِرْدٌ
مرغ	دِیْکٌ	مویشی	مَاشِیَۃٌ	بن مانس	نَسْنَاسٌ
مرغی	دَجَاجَۃٌ	سینگ	قَرْنٌ	چھچھوندر	خُلْدٌ
کبوتر	حَمَامٌ	دُم	ذَنَبٌ	نیولا	اِبْنُ الْعِرْسِ
فاختہ	فَاخْتَۃٌ	کھر	ظِلْفٌ	گلہری	قَرْقَدَانٌ
فاختہ	صُلْصُلٌ	دانت	نَابٌ	سیہ	قُنْفُذٌ

قاز	قَنْوَلَةٌ	قمری	نُمَّرِيٌّ	بَطخ	بَطَّةٌ
پرکٹ	مَقْصُوصُ الْجَنَاح	چکور	حَجَلٌ	دیسی کوا	عُثْعُثٌ
مُرغابی	طَیْرُ الْمَاء	باز	بَازِيٌّ	پہاڑی کوا	غُرَابٌ
متعلقات		باشہ	بَاشِقٌ	ہد ہد	هُدْهُدٌ
مرغ کی کلغی	عُرْفُ الدِّیكِ	پھدکی	وَزْوَارٌ	راج ہنس	أَوَزٌّ
پُر	رِیشٌ	بگلا	مَالِكُ الْحَزِینِ	تیتر	دَرَّاجٌ
بازو	جَنَاحٌ	کلنگ	كُرْكِيٌّ	چڑیا	عُصْفُورٌ
چونچ	مِنْقَارٌ	ٹڈی	جَرَادَةٌ	طوطا	بَبْغَاءٌ
گھونسلا	عُشٌّ	گدھ	نَسْرٌ	ممولا	صَعْوَةٌ
پیٹ	زَغَبٌ	سرخاب	نُحَامٌ	لوا	سَلْوَى
انڈا	بَیْضَةٌ	چمگادڑ	خُفَّاشٌ	بٹیر	سُمَانَى
انڈے کا چھلکا	قَیْضٌ	شاہین	شَاهِینٌ	مور	طَاوُوسٌ
سینہ	جُؤْجُؤٌ	الو	بُومٌ	چیل	حِدَأَةٌ
پنجہ	بُرْثُنٌ	عقاب	عُقَابٌ	چنڈول	قُبَّرَةٌ
بیٹ	خُرْءٌ	کھٹ بڑھئی	قَزَّاعٌ	شترمرغ	نَعَامَةٌ
بیٹ	ذَرْقٌ	فیل مرغ،جٹشی مرغ	عِزْغِزَةٌ	نیل کنٹھ	شِقِرَّاقٌ
کلی۔پرورستہ	شَكِیرٌ	پیرو	دِيكٌ رُوميٌّ	ابابیل	خُطَّافٌ
دریائی جانور		ہر پرندکا بچہ	فَرْخٌ	مینا	زُرْزُورٌ
مچھلی	سَمَكٌ	بچہ چکور	سُلَعٌ	بلبل	بُلْبُلٌ عَنْدَلِیبٌ

ت۔ا۔یہ پرندہ

عربی صفوۃ المصادر مع لغاتِ جدیدہ ٦٥

گرگٹ	حِرْباءُ	ایک بہت بڑی	قِرْشٌ	ویل مچھلی	حُوتٌ	
چوہا	فَارَةُ	مچھلی جس سے		اڑنے والی	اَلسَّمَکُ	
جنگلی چوہا	یَرْبُوعٌ	آبی جانور ڈرتے ہیں		مچھلی	الطَّیَّارُ	
چھچھوندر	خُلْدٌ	شارک مچھلی	قِرْشٌ	دریائی کچھرا	قُنْدُسٌ	
بھٹ	سِرْبٌ	مچھلی کے پر	زَعَانِفُ		کَلْبُ الْمَاءِ	
				نگرمچھ	تِمْسَاحٌ	
	حشرات الارض			کچھوی	سُلَحْفَاةٌ	
		دیمک	اَرَضَةٌ	کچھوا	غَیْلَمٌ	
تھی	ذُبَابٌ	سنپولیا	جَارِنٌ	مینڈک	ضِفْدَعٌ	
شہد کی مکھی	نَحْلَةٌ	کالاسانپ	اَفْعَی	بیچی	صَدَفٌ	
جھینگر	صَرْصَرٌ	سانپ	حَیَّةٌ	سمندری مچھلی	تِنِّینٌ ثُعْبَانٌ	
تتیا	زُلَقْطَةٌ	اژدہا	مِسْدَحٌ	جس کے چھرے	عَنْبَرٌ	
بھِڑ	زُنْبُورٌ	کینچلی	عَقْرَبٌ	سے ڈھال بنتی		
جگنو	سِرَاجُ الَّیْلِ	بچھو	نَمْلَةٌ	خاص قسم کی مچھلی	رَعَّادٌ	
مکڑی	عَنْکَبُوتٌ	چیونٹی	دُودٌ	جو اسے ہاتھ لگاتا		
پتو	بُرْغُوثٌ	کیڑا مکوڑا	دُودُ الْعِزِّ	ہے کانپنے لگتا ہے		
مچھر	بَقٌّ. بَعُوضَةٌ	ریشم کا کیڑا	خَرَاطِینُ	کیڑا	سَرَطَانٌ	
تیری	فَرَاشَةٌ	برساتی کیچوے	حَرِیشٌ	گھونگھے	حَلَزُونٌ	
تیری	قُرْمُوزٌ	کنکھجورا	سُرْغُوثٌ	جونک	عَلَقَةٌ	
چیچڑی	قُرَادٌ	نیولا				

عربی	اردو	عربی	اردو	عربی	اردو
قَتَلٌ	جوں	قَمَرٌ	چاند	بُخَارٌ	بھاپ
كُتَّانٌ	کھٹل	بَدْرٌ	چودھویں رات کا چاند	ضَبَابٌ	کہر
جُعَلٌ خُنْفَسَاء	کبریلا	هِلَالٌ	پہلی رات کا چاند	طَلٌّ	شبنم
بَرَّاقَةٌ	ایک قسم کا کیڑا جو دخول کاسیاہ ناس کردیتا ہے	ضَوْءُ الْقَمَرِ	چاندنی	ثَلْجٌ	برف
حِرْذَوْنٌ	چھپکلی	كَوْكَبٌ	ستارہ	جَلِيدٌ	برف
وَزَغَةٌ	چھپکلی	نَجْمٌ	ستارہ	بَرْقٌ	بجلی
عَثٌّ	گھن کا کیڑا	نَجْمٌ ذُوذَنَبٍ	دم دار ستارہ	رَعْدٌ	گرج
أُمُّ سَبْعَةٍ وَسَبْعِينَ	کنکھجورا	شُعَاعٌ	کرن	صَاعِقَةٌ	جلانے والی بجلی
فَأْرَةُ التَّمْرِ	گلہری	رِيحٌ	ہوا	دُخَانٌ	دھواں
صُوَابَةٌ	جوں کا بچہ	عَاصِفَةٌ	آندھی	رَخَّةُ مَطَرٍ	بوچھار
بُرْغَانٌ	جھینگری	غَيْمَةٌ	بادل	خُسُوفٌ	چاند گرہن
آسمان اور اس کے متعلقات		سَحَابٌ	بادل	كُسُوفٌ	سورج گرہن
سَمَاءٌ فَلَكٌ	آسمان	قَطْرَةٌ	بوند	طُلُوعٌ	نکلنا
أُفُقٌ	آسمان کا کنارہ	مَطَرٌ	بارش	غُرُوبٌ	چھپنا
جَوٌّ	خلا	غَيْثٌ	بارش	نُورٌ	روشنی
شَمْسٌ	سورج	بَرَدٌ	اولا	ظُلْمَةٌ	اندھیرا
		صَقِيعٌ	پالا	دِيمَةٌ	جھڑی
		قَوْسُ قُزَحَ	دھنک	لَيْلَةٌ مُقْمِرَةٌ	چاندنی رات
				بَلْمَاءُ	چودھویں رات

زمین اور اس کے متعلقات

حَرُورٌ	لَو
أَرْضٌ	زمین
ثَرًى	نمناک مٹی
تُرَابٌ	مٹی
غُبَارٌ	غبار
رَمْلٌ	ریت
طِينٌ	گیلی مٹی
وَحَلٌ	کیچڑ
حَصَاةٌ	کنکری
رَمَادٌ	راکھ
حَجَرٌ	پتھر
صَخْرَةٌ	چٹان
كَهْفٌ	غار
مَغَارٌ	گڑھا
سَهْلٌ	ہموار زمین
صَحْرَاءُ	بیابان، ریگستان
شَجَرَةٌ	درخت

عربی	اردو
ظِلٌّ	سایہ
جَبَلٌ	پہاڑ
بُرْكَانٌ	کوہ آتش فشاں
حَمِيمٌ	گرم پانی
بَحْرٌ	سمندر
نَهْرٌ	دریا
مَدٌّ وَجَزْرٌ	جوار بھاٹا
شَاطِئٌ	کنارہ
سَاحِلٌ	کنارہ
مِينَاءٌ	بندرگاہ
بُحَيْرَةٌ	جھیل
عَيْنٌ	چشمہ
غَدِيرَةٌ	تالاب
سَيْلٌ	رو
سَاقِيَةٌ	نالی
مَوْجٌ	لہر
زَلْزَلَةٌ	بھونچال
فَحْمُ خَشَبٍ	لکڑی کا کوئلہ
فَحْمُ حَجَرٍ	پتھر کا کوئلہ

عربی	اردو
لَهَبٌ	شعلہ
مَجْرَى	پانی کا بہاؤ
مَصَبٌّ	دہانہ
مَنْبَعٌ	سوت
نَجْدٌ	ٹیلہ
صَدْعٌ	دراڑ
حَقْلٌ	کھیت
جَبَلُ النَّار	آتشیں پہاڑ

معدنیات

عربی	اردو
تُتَكٌ	ٹین
حَدِيدٌ	لوہا
ذَهَبٌ	سونا
فِضَّةٌ	چاندی
رَصَاصٌ	سیسہ
فُولَاذٌ	فولاد
نُحَاسٌ	تانبا
نُحَاسٌ أَصْفَرُ	پیتل
اَلْمَاسٌ	ہیرا
بَلُّورٌ	بلور

عربی	اردو	عربی	اردو	عربی	اردو
مَجْلِسُ تَمْیِیز	عدالت دیوانی	مَشَارِعٌ	راستہ	زُمُرُّدٌ	پنّا
الْحُقُوق		مَضْرَعٌ	اکھاڑہ	زِیبَقٌ	پارہ
مَجْلِسُ الْبَدَأَة	عدالت ابتدائی	مَسْلَخٌ	قصاب خانہ	کِبْرِیتٌ	گندھک
مَجْلِسُ الْاِسْتِئْنَاف	عدالت اپیل	کُورَةُ الْفَخَّار فَاخُورة	آوا پزاوہ	یاقوتٌ	یاقوت
مَجْلِسُ الشُّولیٰ	مجلس واضع	سَرَایَا	گورنمنٹ ہاؤس یعنی سرکاری گھر	شہر اور اس کے مقامات کے	
وَالْقَوَانِین	قوانین	وُکَالَةٌ	ریزیڈنسی یعنی شاہی وکالت	عَاصِمَةٌ	دارالسلطنت
مَحْکَمَةٌ شَرْعِیَّةٌ	جمیع نکاح و طلاق وغیرہ کے مقدمات برتتے ہیں	دِیوَانٌ	کچہری	حَاضِرَةٌ	
		مَحَلُّ التَّلِغْرَاف	تارگھر	مَرْکَزٌ مَعَرٌّ	صدر مقام
مَصْلَحَةٌ الْبُوسْطَة	ڈاک خانہ	دَائِرَةُ الرُّسُومَات	محکمہ چنگی	مُدِیرِیَّةٌ	ضلع
مَصْلَحَةٌ سِکَّةُ الْحَدِید	محکمہ ریل	سُوَیْقَةٌ	چھوٹا سا بازار	نَصْرُ مُلُوکِیٌّ	شاہی محل
		دَارُ الْمَجَانِین	پاگل خانہ	حَارَةٌ	محلہ
جَمْعِیَّةٌ	انجمن	مَعْرَضٌ	نمائش گاہ	مَحَلٌّ	گھر محلہ
دَائِرَةٌ	محکمہ صیغہ	مَجْلِسٌ النُّوَّاب	پارلیمنٹ یعنی قوی مجلس	مَغَازَةٌ مخزنٌ	گودام
مَحْکَمَةٌ الْحُقُوق	عدالت دیوانی	مَجْلِسُ الْأَشْرَاف	ہاؤس آف لارڈز یعنی دارِ مشورۃ الاشراف	خَمَّارَةٌ	شراب خانہ
مَحْکَمَةُ الْجَزَاء	عدالت فوجداری			مُغْرِبُ الطَّرِیقِ	چوراہہ
مَحْکَمَةُ التَّمْیِیز	ہائی کورٹ	دَارُ النَّدْوَة	کونسل ہال یعنی دارالمشورہ	مُفْتَرَقُ الطُّرُقِ	چوراہہ
				سِکَّةٌ	سڑک
				سِکَّةُ الْحَدِید	ریل کی پٹری

لے۔ وہ جگہ جہاں اینٹیں پکتی ہیں یعنی منشی کے برتنوں کا کارخانہ

پوست ماسٹر	مُدِیْرُ الْبُوْسْطَةِ	چٹھی رساں	مُوَزِّعُ الْبَرِیْدِ	سرائے	رِبَاطٌ
خط کو لفافہ میں بند کرنا	تَغْلِیْفٌ	چٹھی رساں	بُوْسْطَجِیٌّ	جھونپڑا	کُوْخٌ
لیٹر پیڈ یعنی خط لکھنے کا کاغذ	وَرَقُ الْمَکَاتِبِ	لیٹر بکس	صُنْدُوْقٌ	خربوزوں کی فالیز	مَطْبَخٌ
تار		ریجسٹری کرنا	الْبُوْسْطَةُ	گورغریاں	مَسْبَلَةٌ
تار	تِلْغَرَافٌ	ریجسٹری کرنا	تَسْجِیْلٌ	محفل	حَفْلَةٌ
تارگھر	مَحَلُّ التِّلْغَرَافِ	رجسٹرڈ۔ریجسٹری کیا ہوا	مُسَجَّلٌ	خانقاہ	زَاوِیَةٌ
	اَلتِّلْغَرَافُ	مہر	دَمْغٌ	**ڈاک خانہ**	
معمولی تار	اَلْاِعْتِیَادِیُّ	منی آرڈر کرنا	اَلتَّحْوِیْلُ عَلَی الْبَرِیْدِ	ڈاک خانہ	مَکْتَبَةُ الْبُوْسْطَةِ
ضروری تار	اَلتِّلْغَرَافُ الْمُسْتَعْجِلُ	وی۔پی کرنا	اَلتَّحْوِیْلُ عَلَی الْمُشْتَرَی	صدر ڈاکخانہ	اَلْبُوْسْطَةُ الْعُمُوْمِیَّةُ
بجلی کا تار	اَلسِّلْکُ الْبَرْقِیُّ	محصول ڈاک	اَلتَّخْلِیْصُ عَلَی الْبَرِیْدِ	برانچیں	فُرُوْعُ الْبُوْسْطَةِ
ٹیلیگرام	بَرْقِیَّةٌ	ادا کرنا بیمہ	سِیْکُوْرْتَة	پوسٹ کارڈ	تَذْکِرَةُ الْبُوْسْطَةِ
ریل		رسید	وَصْلٌ	ٹکٹ	طَابِعٌ
ریلوے لائن	سِکَّةُ الْحَدِیْدِ	محصول ڈاک	أُجْرَةُ الْبَرِیْدِ	لفافہ	غِلَافٌ
اسٹیشن	مَحَطَّةٌ	محصول ڈاک	خَالِصَةٌ	ڈاک تقسیم کرنا	تَوْزِیْعُ الْبَرِیْدِ
اسٹیشن ماسٹر	نَاظِرُ الْمَحَطَّةِ	ادا کیا ہوا	أُجْرَةُ الْبَرِیْدِ		
مسافر گاڑی	قِطَارُ الرُّکَّابِ	پوسٹ ماسٹر	مُدِیْرُ الْبَرِیْدِ		

مال گاڑی	قِطَارُ البَضَائِع	عَتَّالٌ	قلی
اسپیشل	اَلقِطَارُ	عَتَالَةٌ	مزدوری
ٹرین	الخُصُوصِی	رَاكِبٌ	مسافر
ایکسپرس	تَذكِرَةُ القِطَار	كُسَادِی	ٹکٹ بابو
ٹکٹ	تَذكِرَةُ الذَّهَابِ	مُستَحفِظٌ	گارڈ
واپسی	وَالاِيَابِ	القِطَار	
ٹکٹ	التَّاشِيرُ عَلَی	سَائِقٌ	ڈرائیور
ٹکٹ پر اسٹیشن ماسٹر	التَّذكِرَة	رَصِيفٌ	پلیٹ فارم
سے کچھ لکھنا	قَطعُ التَّذكِرَة	قَاعَةُ الاِنتِظَار	ویٹنگ روم
ٹکٹ چیک کرنا	قَاطِرَةٌ	جَرَسٌ	گھنٹہ
انجن	تَصفِيرُ القَاطِرَة	اِشَارَاتٌ	سگنل
انجن کا سیٹی دینا	وَابُورُ البَرِّ	اَلدَّرَجَةُ الاُولَی	فرسٹ
ریل گاڑی	قَطرُ الوَابُور	اَلدَّرَجَةُ الثَّانِيَةُ	کلاس
گاڑیوں کا جوڑنا	تَصَادُمٌ		سیکنڈ
گاڑیوں کا	البَوَابِير	اَلدَّرَجَةُ الثَّالِثَةُ	کلاس
ٹکرانا	عَفشٌ		تھرڈ
اسباب	اِستِيدَاعُ	بُولِيطَةُ	کلاس
گاڑی میں	العَفشِ	الشَّحن	ریلوے
اسباب رکھنا			بلٹی

مَسَرَّةٌ	ٹیلیفون		
مَصلَحَةٌ	محکمہ ریل		
سِكَّةُ الحَدِيدِ			
مَكتَبٌ	ٹکٹ گھر		
التَّذَاكِر			
مَوَاعِيدُ	ٹائم ٹیبل		
اَلنُّقطَةِ مِن	ریلوے		
الخَطِّ الحَدِيدِی			
اَلنُّقطَةُ	چوکی		
الزَّنبَرِيَّةِ	جنکشن		
اَرضِيَّةٌ	ڈیمرج		

جہاز

وَابُورُ البَحرِ	جہاز
سَفِينَةٌ	جنگی
مُدَرَّعَةٌ	جہاز
مَسبُوقٌ	چھوٹی کشتی
شَغطُورَةٌ	بڑی کشتی
صَمَالَةٌ	زینہ جہاز
اِرسَاءٌ	جہاز لنگر انداز کرنا

نرخ کا ایک	وُقُوْفٌ	بولی دینا	مُزَایَدَۃٌ	تارپیدو	حَرَّاقَۃٌ
حال پر رہنا	جَالِ السِّعْرِ	دلالی	سَمْسَرَۃٌ	امیرالبحر	رَئِیْسُ عِمَارَۃٍ
نرخ نامہ	قَائِمَۃٌ	دلال	سِمْسَارٌ	جہاز کا ستون	سَارِیَۃُ الْمَرْکَبِ
	أَسْعَارٌ	کمیشن۔آڑھت	عَمُوْلَۃٌ	قطب نما	بُوْصَلَۃٌ حُقٌّ
قیمت لگانا	فَتْحُ سِعْرٍ	کمیشن ایجنٹ	عَمِیْلٌ	روشنی کا مینار	مَنَارَۃُ الْبَحْرِ
سب سے کم نرخ	أَوْطَی سِعْرٍ	بیبک	قَائِمَۃُ الْمَوْجُوْدَاتِ	بادبانوں سے چلنے والا جہاز	مَرْکَبٌ شِرَاعِیٌّ
پیشگی	سَلَفٌ	حساب کامل	قَائِمَۃُ حِسَابٍ	ہوائی جہاز	مَرْکَبٌ هَوَائِیٌّ
	مُقَدَّمًا	گز	یَرْدٌ		
کمیشن دینا	اِسْتِقْامٌ	ترازو	مِیْزَانٌ	جنگی بیڑا۔ تجارتی بیڑا	بِطَاسَۃٌ
قسطیں مقرر کرنا	تَقْسِیْطٌ	ایک پلڑے کی		وہ آلہ جس سے ہوا کا رخ پہچانا جاتا ہے	مِزْوَلَۃُ الْهَوَاءِ
بل	حَوَالَۃٌ	آہنی ترازو	قَبَّانٌ		
ڈرافٹ۔ ہنڈی	کَمْبِیَالَۃٌ	ترازو والا	قَبَّانِیٌّ	تجارت اور اس کے متعلقات	
گھڑی	بَالَۃٌ	ترازو کی چوٹی	عَذَبُ الْمِیْزَانِ	خرید و فروخت	تِجَارَۃٌ
کپڑے کا نمونہ	مِنْطَرَۃٌ	تاجروں کی ڈائری	خُرْطُوْشٌ	خریداری	شِرَاءٌ
	قُمَاشٌ	نفع	رِبْحٌ	بیچنا	بَیْعٌ
پیکٹ۔ پارسل	رِزْمَۃٌ	نقصان	خَسَارَۃٌ	خریدار	مُشْتَرِیْ
پارسل باندھنا	حَزْمٌ	نرخ کا گھٹ جانا	خُصْمٌ	بیچنے والا	بَائِعٌ
محصول چنگی کسٹم ڈیوٹی	رَسْمُ الْجُمْرُکِ	رعایت نرخ کا بڑھ جانا	نُزُوْلُ السِّعْرِ اِرْتِفَاعُ السِّعْرِ	نیلام	حَرَّاجٌ
کسٹم	الْجُمْرُکُ	رعایت کی شرح	سِعْرُ الْخَصْمِ	نیلام کرنا	تَخْرِیْجٌ

مناصب علیا اور ملکی عہدے

اسسٹنٹ کمشنر	قَائِمُ مَقَام	افسر مسائلِ سلطنت غیر	نَاظِرٌ خَارِجِيَّة	نشان	مَارِكَة
مشیرِ مال	مُستَشَار	افسر معاملات	وَزِيرُ الدَّاخِلِيَّة	درآمد	جَلَبٌ
	العَالِي	اندرون سلطنت	نَاظِرٌ دَاخِلِيَّة	برآمد	تَصْدِيرٌ
کلکٹر	مُدِيرٌ	ناظرِ صیغہ	وَزِيرُ الحَرب	تھوک فروش	بَائِعٌ بِالجُملَة
جج	قَاضِي	جنگ	نَاظِرُ الحَرب		
پریزیڈنٹ	رَئِيسٌ	وزیرِ مال	وَزِيرُ المَالِيَّة	خردہ فروش	بَائِعٌ بِالمُفَرَّق
سپرنٹنڈنٹ	رَئِيسٌ		نَاظِرُ المَالِيَّة		
پولیس	الضَّبطِيَّة	ناظرِ عدالت	وَزِيرُ العَالِيَّة		
اسٹیشن ماسٹر	نَاظِرُ مَحَطَّة		نَاظِرُ العَتَّابِيَّة	شاہِ اعظم	قَيْصَرٌ
افسر چنگی	نَاظِرُ التَّرسُومَات	سیکرٹری محکمہ	وَزِيرُ الأُمُور	شاہِ اعظم کی بیگم	قَيْصَرَةٌ
انجنیئر	مُهَندِسٌ	رفاہِ عام	النَّافِعَة	پریزیڈنٹ	رَئِيسٌ
منشی	كَاتِبٌ	رفاہِ عام	نَاظِرُ الأَشغَال	حکومت جمہوری	جُمهُورِيَّة
میر منشی	بَاش كَاتِب	سیکرٹری	وَزِيرُ المَعَارِف	وائسرائے یعنی	نَائِبُ السُّلطَان
محافظِ دفتر	أَمِينُ السِّجِلَّات	سررشتہ تعلیم	نَاظِرُ المَعَارِف العُمُومِيَّة	گورنر جنرل	صَدْرُ الأَعظَم
خزانچی	أَمِينُ الصَّندُوق	ایلچی	سَفِيرٌ	وزیرِ اعظم	نَاظِرُ النُّظَّار
افسر چنگی خانہ	كَشَّافٌ	خفیہ پولیس	كَاتِمُ الأَسرَار		وَزِيرٌ
چیف	رَئِيسُ تَحرِير	گورنر	وَالِيٌّ	فارن سیکرٹری	الخَارِجِيَّة
ایڈیٹر	الجَرِيدَة	کمشنر	مُتَصَرِّفٌ		

فوجی عہدے اور فنون کے نام

عربی	اردو
جُنْدِيٌّ	سپاہی
عَسْكَرِيٌّ	سپاہی
چَاؤُشٌ	سارجنٹ، وفدار
كَبَاشِيٌّ	میجر
رَاجِلٌ	کماندر
عَسْكَرُ الْمَدَافِع	توپ خانہ
مُعَسْكَرٌ	کیمپ
دَائِرَةُ تَقْدِيم / مَؤُونَةُ الْعَسَاكِرِ	کمسریٹ
حَرَسٌ	گارد
شُرْطَةٌ	پولیس
بَاشْ چَاؤُشٌ	سارجنٹ میجر
والتیر (بخوشی) / مُتَطَوِّعٌ	فوجی خدمت انجام دینے والا

علوم وفنون کے متعلق

عربی	اردو
فَنُّ الرَّسْمِ	نقشہ کشی
عِلْمُ الْحُقُوقِ	قانون

مَجْمُوعُ وُرَسم

عربی	اردو
الْبُلْدَانُ	نقشہ ممالک
خَرِيطَةٌ	مخفف ۔ اٹلس
تَقْوِيمٌ	جنتری
مَجَلَّةٌ	میگزین یعنی علمی رسالہ
اللَّهُ بُخَارِيَّة	انجمن
الْاِقْتِصَادُ	کفایت شعاری
السِّيَاسِيُّ	متعلق بہ ریاست ملکی
الْاِقْتِصَادُ	انتظام
الْمَنْزِلِيُّ	خانہ داری
دَائِرَةُ الْعُلُوم	محکمہ
دَائِرَةُ الْمَعَارِف	اشاعت العلوم
كَائِرَةُ الْمَعَارِف	انسائیکلوپیڈیا
إِكْتِشَافٌ	تحقیقات
مَاكِينَةٌ	مشین ۔ کل

مختلف ملکوں اور شہروں کے نام

عربی	اردو
إِنْكِلْتِرَا	انگلستان
فَرَنْسَة	فرانس
إِيطَالِيَةٌ	اٹلی
أَلْمَانِيَا	جرمنی
هُوَلَانْدَةٌ	ہالینڈ
تُرْكِيَةٌ	ترکی
لَنْدُرَةٌ / لندن	لندن
بَارِيسٌ	پیرس
مَجْرِيطٌ	میڈرڈ
رُومَةٌ	روم
بَلْغَرَادٌ	بلگرید
بَلْجِيكَةٌ	بلجیم
دَنَمَرْك	ڈنمارک
مَوْسَكُو / مسكوب	ماسکو
الْمَشْرِقُ الْأَقْصَى الصين	چین
الْمَغْرِبُ الْأَقْصَى مراكش	مراکو ۔ مراکش
أُورُشَلِيمُ	بیت المقدس ۔ یروشلم

فصل ہفتم

عربی	اردو
رَبِيعٌ	بہار

لغات متفرقہ

عربی	اردو	عربی	اردو	جہتیں		عربی	اردو
اُنبوب	پانی کا نل	اَجزاخانہ	دواخانہ			خریفٌ	خزاں
بَضائِع	اسباب	اَجزائی	دوافروش			صیفٌ	موسم گرما
اَلبَلاغ	سرکاری	اِحتفالُ	سالانہ جلسہ			شتاءٌ	موسم سرما
التَّوسُّطی	اعلان	السَّنَوِی				حَرٌّ	گرمی
اَلبَلاغ	اعلان	الجُزءُ الاوَّل	بنیادی پتھر			بَردٌ	سردی
الاَخِیرُ	جنگ	اِحصاءٌ	مردم شماری			رطوبةٌ	تری
بَلطُو	برجابہ، اوورکوٹ	اَدواتٌ	آلات	یبوسةٌ متوسطة	خشکی		
بناءٌ بَلدِیَّة	میونسپل معمار	اُرجُوحةٌ	جھولا	**جہتیں**		شِمالٌ	اُتر
تَتوِیج	تاجپوشی	اَرمِیدٌ	اینٹ			جَنُوبٌ	دکھن
تَخَرُّج	کسی مدرسہ سے سند پا کر نکلنا	اِزبَرتُو	اسپرٹ			مَشرِقٌ	پورب
تَدهِین	تیل لگانا	اِستِلامُ	وصول پانا			مَغرِبٌ	پچھم
تَذکِرة	پاسپورٹ	اِستِنارَةُ الفِکرِ	روشن خیالی	**خشِ جہت**		یَمِینٌ	دایاں
تَشرِیح	رجسٹر میں نام لکھنا	اَسلِحَةٌ نارِیَّة	بندوق وغیرہ			یَسارٌ	بایاں
تَصادُم	ایک دوسرے سے بلا ارادہ ملنا	اِشتِراکٌ	اخبار یا رسالہ کی خریداری یا اندراج نام			اَمامٌ	آگے
تَصغِیرُ	ریل کاسیٹی	الاِضرابُ عن العَمَلِ	ہڑتال			خَلفٌ	پیچھے
القاطِرة	دینا	الاِکتِتابُ	چندہ کی فہرست کھولنا			تَحتٌ	نیچے
						فَوقٌ	اوپر

كَسْتُرايل	زَيْتُ الْغُرُوع	تقریر۔اسپیچ	خِطَابٌ	خردہ،ریزگاری	تَغَارِیْعٌ
فیشن	زِیٌّ	مقرر	خَطِیبٌ	چچک کا	تَلْقِیْحٌ
سگریٹ	سِجَارَةٌ	عجائب خانہ	دَارُالتُّحَفِ	ٹیکہ لگانا	الْجُدَرِی
کوچوان،کوچمین	سَوَّاقٌ	بائیسکل	دَرَّاجَةٌ	مٹی چاپی کرنا	تَكْبِیْسٌ
موٹرکار	سَیَّارَةٌ	توپ میں گولہ	دَكُّ الْمِدْفَعِ	مشق	تَمْرِیْنٌ
ململ	شَاشٌ	بارود بھرنا		ورزش	تَمْرِیْنٌ
بالشت	شِبْرٌ	خدمتگار،	دَلَّاکٌ		جَسَدِیٌّ
مسہل کی دوا	شُرْبَةٌ	بدن ملنے والا		نوکر رکھنا	تَوْظِیْفٌ
کمپنی	شِرْكَةٌ	تنخواہ	رَاتِبٌ	امتحان	جَائِزَةٌ
بتی	شَمْعَةٌ	اسٹاف	رِجَالٌ مَعَہُ	چھوٹے چھوٹے	جُرْثُوْمٌ
ہوا کھانا۔سیر کرنا	شَمُّ الْہَوَاءِ	ارزاں	رَخِیْصٌ	کیڑے (جراثیم)	
چمڑے کا بیگ	شَنْطَةٌ	محصول چنگی	رَسْمٌ	اخبار	جَرِیْدَةٌ
چھینٹ	شِیْتٌ		رِسَالَةٌ	چنگی	جُمْرُکٌ
سرٹیفکیٹ	شَہَادَةٌ	تار کی خبر	بَرْقِیَّةٌ	جُرمانہ	جَزَاءٌ نَقْدِیٌّ
مالک اخبار	صَاحِبُ الْجَرِیْدَةِ	بندوق کی گولی	رَصَاصٌ	پیداوار	حَاصِلَاتٌ
لا اسند از	صَاحِبُ الْاِمْتِیَازِ	ڈالر	رِیَالٌ	دارالسلطنت	حَاضِرَةٌ
رکابی	صَحْنٌ	مہتر۔بھنگی	زَبَّالٌ	لبرل پارٹی	حِزْبُ الْاَحْرَارِ
چیدہ خبریں	صَفْوَةُ الْاَخْبَارِ	لیڈری	زَعَامَةٌ	کھیت مقامی خبریں	حَقْلٌ حَوَادِثُ مَحَلِّیَّةٌ
تالاب	صَہْرِیْجٌ	لیڈر	زَعِیْمٌ	چٹائی فروش	حَصِیْرِیٌّ

ضَبْطِيَّةٌ	پولیس	غَالِیٌ	گراں	كُرُوسَةٌ	گھوڑا گاڑی
ضَرِيبَةٌ	ٹیکس، مالگذاری	غَسِيلٌ	دھلائی	كُبُّ الْمَاءِ	پانی انڈیلنا
ضَيْعَةٌ	جائیداد، جاگیر	فَابْرِيقَةٌ	کارخانہ فیکٹری	كِيلُومِيتر	ایک ہزار میٹر جو ۱۰۹۱ گز کے برابر ہوتا ہے
طَبَقٌ	رکابی	فَاتُورَةٌ	تجارتی کپڑوں کا نمونہ رسید		
طَرْدٌ	پیکٹ، بنڈل	فُطُورٌ	ناشتہ	لَائِحَةٌ	فہرست۔ اسکیم رجسٹر یادداشت
طَقْسٌ	آب وہوا	فُسْحَةٌ	چھٹی	لَجْنَةٌ	کمیٹی۔ مجلس
طُقْمٌ	پوشاک	فَانِيلَةٌ	بنیان	لِوَاءٌ	عَلَم۔ جھنڈا
طُوبٌ	اینٹ	فَصِيلَةٌ	خاندان	لُوكَنْدَةٌ	ہوٹل
ظَرْفٌ	برتن	فَنُّ سَفَرِ الْبَحْرِ	علم جہازرانی	فُنْدُقٌ	مسافر خانہ
ظَرْفُ الْقَهْوَةِ	کافی پینے کی پیالی	فَيَضَانُ الْبَحْرِ	دریا کی طغیانی	لِيرَةٌ	ترکی (پونڈ)
ظَهَارَةٌ	زین پوش	اَلْقَائِدُ الْأَوَّلُ	کمانڈر انچیف	لِيبرا	پونڈ۔ رطل
عَائِلَةٌ	کنبہ۔ خاندان	قِرْشٌ	ترکی سکہ	لَيْلِيٌّ	وہ طالب علم جو بورڈنگ میں رہے
عَرَبَةٌ عَرَبِيَّةٌ	گاڑی	قُمْقُمَةٌ	گلاب پاش		
عَرْبُونٌ	بیعانہ	قُنٌّ۔ مُقَنٌّ	مرغیوں کا ڈربہ	مَاعُونٌ	رکابی
عَشَرَةٌ بِالْمِائَةِ	دس فیصدی	قُنْبُلَةٌ	گولہ	مَائِدَةٌ	میز
عُضْوٌ	رکن۔ ممبر	كَاتِبُ الْأَسْرَارِ	پرائیوٹ سیکرٹری	مَجْلِسُ الْبَلَدِيِّ	میونسپل کمیٹی
عُمْلَةٌ	سکہ رائج الوقت	كَامِخٌ	چٹنی	مَجِيدِيٌّ	ترکی نقرئی روپیہ مساوی ۵۰ پیسے
عُنْوَانٌ	مضمون کی سرخی	كُرَّاسَةٌ	کتاب کا ایک جزو دستہ کاپی		
		كُلِّيَّةٌ	کالج		
غَازٌ	گیس	كَشَّافٌ	اسکاؤٹ	مُعَشَّشَةٌ	بھنگڑ خانہ

مَحْفَظَة	نوٹ بک	مُؤْتَمَر	کانفرنس	ثَلَاثَة	تین
مَدْخُول	آمدنی	مُوَظَّف	عہدہ دار	اَرْبَعَة	چار
مِدْرَع	جہاز آہن پوش	مِیْزَانِیَّة	بجٹ	خَمْسَة	پانچ
مِرْشَحَة	پانی چھڑکنے کاآل	مِیْنَاء	بندرگاہ	سِتَّة	چھ
مِزْقَب	دوربین	نَشَّاف	سیاہی چوس	سَبْعَة	سات
مُسَاهِم	حصہ دار	نَقْب	کھودنا	ثَمَانِیَة	آٹھ
مُسْتَشْفَى	ہسپتال	نُهَاری	وہ طالب علم جو بورڈنگ میں رہتا ہو	تِسْعَة	نو
اَلْمَشْرِقُ الْأَدْنَى	مشرقِ قریب — یعنی ہندوستان — ایران۔ترکستان	وَالِی	گورنر ۔ حاکم	عَشَرَة	دس
مَصْرُوْف	خرچ	وَرَقَة	ٹکٹ	اَحَدَ عَشَر	گیارہ
مَعَاش	پنشن	وَفْد	ڈیپوٹیشن	اِثْنَا عَشَر	بارہ
مَعْمَل	کارخانہ	اَلْهَوَاء	ہیضہ	ثَلَثَةَ عَشَر	تیرہ
مُغْتَسَل	نہانے کاتب	اَلْأَصْفَر	کالرا	اَرْبَعَةَ عَشَر	چودہ
مَلْهَى	تھیٹر	یَابَان	جاپان	خَمْسَةَ عَشَر	پندرہ
مُمَثِّل	ایکٹر	یَانَصِیْب	لاٹری	سِتَّةَ عَشَر	سولہ
مُفْتَى	دستخط شدہ	یُوْزْبَاشِی	کپتان	سَبْعَةَ عَشَر	سترہ
مَنَارَة	لائٹ ہاؤس	**اعداد**		ثَمَانِیَةَ عَشَر	اٹھارہ
مَنْدُوْب	ڈیلیگیٹ	وَاحِد	ایک	تِسْعَةَ عَشَر	انیس
		اِثْنَان	دو	عِشْرُوْن	بیس
				اَحَدٌ وَعِشْرُوْن	اکیس

لہ نائندہ

العدد (عربی)	اردو
اِثْنَان وَعِشْرُوْن	بائیس
ثَلٰثَة وَعِشْرُوْن	تیئس
أَرْبَعَة وَعِشْرُوْن	چوبیس
خَمْسَة وَعِشْرُوْن	پچیس
سِتَّة وَعِشْرُوْن	چھبیس
سَبْعَة وَعِشْرُوْن	ستائیس
ثَمَانِیَة وَعِشْرُوْن	اٹھائیس
تِسْعَة وَعِشْرُوْن	انتیس
ثَلٰثُوْن	تیس
أَرْبَعُوْن	چالیس
خَمْسُوْن	پچاس
سِتُّوْن	ساٹھ
سَبْعُوْن	ستر
ثَمَانُوْن	اسی
تِسْعُوْن	نوے
مِائَةٌ	سو
مِائَتَان	دوسو
ثَلٰثُ مِائَة	تین سو
أَرْبَعُ مِائَة	چار سو

العدد (عربی)	اردو
خَمْسُ مِائَة	پانچ سو
سِتُّ مِائَة	چھ سو
سَبْعُ مِائَة	سات سو
ثَمَانُ مِائَة	آٹھ سو
تِسْعُ مِائَة	نو سو
أَلْفٌ	ایک ہزار
أَلْفَان	دو ہزار
ثَلٰثَةُ الٰاف	تین ہزار
أَرْبَعَةُ الٰاف	چار ہزار
خَمْسَةُ الٰاف	پانچ ہزار
سِتَّةُ الٰاف	چھ ہزار
سَبْعَةُ الٰاف	سات ہزار
ثَمَانِیَةُ الٰاف	آٹھ ہزار
تِسْعَةُ الٰاف	نو ہزار
عَشْرَةُ الٰاف	دس ہزار
مِائَةُ اَلْف	ایک لاکھ
أَلْفُ اَلْف	دس لاکھ
مِلْیُوْن	دس لاکھ
بِلْیُوْن / مَلاَیِیْن	ایک ارب / محمود کھرب

اعداد کسری

العدد (عربی)	اردو
نِصْفٌ	آدھا
ثُلُثٌ	تہائی
رُبْعٌ	چوتھائی
خُمْسٌ	پانچواں حصہ
سُدُسٌ	چھٹا حصہ
سُبْعٌ	ساتواں حصہ
ثُمُنٌ	آٹھواں حصہ
تُسْعٌ	نواں حصہ
عُشْرٌ	دسواں حصہ

اعداد صفاتی

العدد (عربی)	اردو
الْأَوَّلُ	پہلا
الثَّانِي	دوسرا
الثَّالِثُ	تیسرا
الرَّابِعُ	چوتھا
الْخَامِسُ	پانچواں
السَّادِسُ	چھٹا
السَّابِعُ	ساتواں
الثَّامِنُ	آٹھواں

اَلتَّاسِعُ	نواں
اَلْعَاشِرُ	دسواں

اوقات

عربی	اردو
اَلصَّبَاحُ	صبح
اَلْمَسَاءُ	شام
اَلنَّهَارُ	دن
اَللَّیْلُ	رات
اَلضُّحَی	چاشت
اَلظَّهِیْرَةُ	دوپہر
اَلْآنَ	اب
اَلسَّاعَةُ	گھنٹہ
دَقِیْقَةٌ	منٹ
ثَانِیَةٌ	سیکنڈ
وَهَنُ اللَّیْلِ	رات کا کچھ حصہ
نِصْفُ اللَّیْلِ	آدھی رات
اَلْیَوْمَ	آج کا دن
أَمْسِ	گزشتہ کل
غَدًا	آئندہ کل
قَبْلَ الْأَمْسِ	پرسوں گزشتہ

بَعْدَ الْغَدِ	پرسوں آئندہ
أُسْبُوْعٌ	ہفتہ
شَهْرٌ	مہینہ
سَنَةٌ	سال

ہفتے کے دن

عربی	اردو
یَوْمُ السَّبْتِ	سنیچر
یَوْمُ الْأَحَدِ	اتوار
یَوْمُ الْاِثْنَیْنِ	پیر
یَوْمُ الثَّلَاثَاءِ	منگل
یَوْمُ الْأَرْبَعَاءِ	بدھ
یَوْمُ الْخَمِیْسِ	جمعرات
یَوْمُ الْجُمُعَةِ	جمعہ

عربی مہینے

عربی	اردو
اَلْمُحَرَّمُ	محرم
صَفَرُ	صفر
اَلرَّبِیْعُ الْأَوَّلُ	ربیع الاول
اَلرَّبِیْعُ الثَّانِی	ربیع الثانی
جُمَادَی الْأُوْلَی	جمادی الاولی
جُمَادَی الْأَخِرَی	جمادی الثانی

رَجَبٌ	رجب
شَعْبَانُ	شعبان
رَمَضَانُ	رمضان
شَوَّالٌ	شوال
ذُوالْقَعْدَة	ذی قعدہ
ذُوالْحِجَّة	ذی الحج

انگریزی مہینے

عربی	اردو
یَنَایِرُ	جنوری
فَبْرَایِرُ	فروری
مَارِسُ	مارچ
أَبْرِیْلُ	اپریل
مَایُوْ	مئی
یُوْنِیَہ	جون
یُوْلِیَہ	جولائی
أَغُسْطُسُ	اگست
سِتَمْبَرُ	ستمبر
أُکْتُوْبَرُ	اکتوبر
نُوْفَمْبَرُ	نومبر
دِیْسَمْبَرُ	دسمبر